OSCAR GUIDE

Mario Bendin

# IMPARARE LE LINGUE

*Le tecniche, i trucchi, gli strumenti per parlarle davvero*

Arnoldo Mondadori Editore

I edizione Oscar guide agosto 1993

ISBN 88-04-37406-3

Questo volume è stato stampato
presso Arnoldo Mondadori Editore S.p.A.
Stabilimento Nuova Stampa - Cles (TN)
Stampato in Italia - Printed in Italy

# IMPARARE LE LINGUE

## Le tecniche, i trucchi, gli strumenti per parlarle davvero

Un antico proverbio cinese recita: "Una lingua, un uomo; due lingue, due uomini". In effetti, quandi si apprende una nuova lingua si diventa una nuova persona, con una nuova cultura e anche un nuovo modo di vedere le cose. Cambia l'intera prospettiva sul mondo.

*Graham E. Fuller*

Ringrazio Cecilia Bartoli, consulente scientifica del Censis (Centro studi investimenti sociali) di Roma e Carlo Fait, direttore dell'Accademia di commercio e turismo di Trento, per avermi messo a disposizione esperienze e documentazione sul metodo del "silent way" di Caleb Gattegno.
Il mio riconoscimento per i consigli e i contributi va anche ad Augusto Carli, direttore del Cial (Centro linguistico interfacoltà per l'apprendimento delle lingue), a Diana Gilli, ricercatrice dell'Isfol (Istituto per lo sviluppo della formazione professionale dei lavoratori), Lorain Collura di Tesol Italy (Teachers of english to speakers of other languages), Maria Luisa Guidi e Luciano Mariani, esponenti di Lend (Lingua e nuova didattica), David A. Hill, consulente didattico del British Council di Milano, Mariella Moretti, studiosa di linguistica applicata e autrice del libro *Come si studia l'inglese*, Maria Cecilia Rizardi, ricercatrice all'istituto di anglistica dell'Università degli Studi di Milano, Andrew Shaw, direttore della Canning School di Milano.

# Introduzione

"Sa le lingue perché è dotato." "Ha il dono delle lingue.""Io invece ho studiato l'inglese, ma non lo parlo." "Sono andato all'estero, ma ne so quanto prima, quasi niente."

Scusate, qui c'è qualcosa che non va. Primo: il "dono" delle lingue non esiste. Secondo: a pensarci bene, nasciamo tutti poliglotti. Terzo: è vero, noi italiani sappiamo poco l'inglese. Probabilmente, oltre le colpe della scuola e del fascismo, ci mancano gli stimoli per impararlo e usarlo. Oppure non sappiamo come si fa.

I ragazzi invece lo sanno benissimo. "Ho amici in Germania... vado spesso in vacanza in Inghilterra... andrò a studiare in un kibbuz israeliano... ho conosciuto una ragazza rumena." Imparano a parlare parlando, comunicando. È così che bisogna fare: cercare occasioni per "fare il salto" in altre lingue.

Anche perché non c'è più tempo da perdere: le lingue dobbiamo conoscerle tutti quanti, dal fruttivendolo al ministro.

Ora che abitiamo nella casa europea senza più barriere doganali, anche quelle linguistiche devono cadere.

Dobbiamo una buona volta convincerci che per comunicare in Europa l'italiano da solo non basta: restare monolingue in una comunità plurilingue vuol dire essere, dal punto di vista internazionale, muti o analfabeti.

Ma come si fa a imparare le lingue? È qui il punto. Per molti anni ci siamo cullati nell'idea di poter imparare le lingue "a secco", limitandoci a leggere i termini stranieri sui libri, invece di parlare. È come pretendere di imparare a nuotare leggendo la descrizione delle fasi della bracciata anziché buttandosi in acqua. Le ultime ricerche sull'apprendimento ci dicono che:

- si impara una lingua quando la si usa per comunicare;
- la lingua non è tanto un insieme di nozioni, quanto piuttosto di azioni;
- la familiarità con la lingua si acquisisce nella vita di tutti i giorni e non solo a scuola;
- l'apprendimento avviene parlando, più che leggendo;
- non si sviluppa una conoscenza, ma una competenza, un saper fare;
- è costituito da un insieme di nuovi automatismi, di nuovi riflessi che richiedono tempo ed esercizio per radicarsi.

Ognuno deve perciò guidare il proprio apprendimento e non più delegarlo passivamente all'insegnante, al corso, al centro specializzato.

Come conseguenza dello sviluppo della glottodidattica e della psicolinguistica, e dell'esigenza sempre più diffusa di apprendimento, il mercato attualmente offre una grande varietà di proposte anche per l'autoistruzione.

Questo libro si propone come scopo quello di mettere tutti in condizione di indirizzare la propria formazione plurilingue, di scegliere dal menù dell'offerta gli strumenti più adatti alle proprie esigenze.

L'importante, prima di investire tempo, energia e soldi nello studio di una lingua, è infatti:

- mettere a fuoco il motivo che spinge a impararla: la motivazione è il motore dell'apprendimento (vedi cap. "Impariamo a imparare le lingue");
- scoprire il proprio stile e le proprie strategie di studio: per sfruttarle al massimo e diventare autosufficienti (cap. "Scopriamo il nostro stile di apprendimento");
- scegliere tra i metodi e gli strumenti quello adatto al proprio stile e alle abilità linguistiche richieste dal lavoro, dallo studio o dall'interesse personale (cap. "Un expo di strategie").

Ma oltre a guidare lo studente tra i diversi approcci, metodi e strategie, questo libro fornisce indicazioni su come costruirsi un microambiente linguistico (vedi Quarta parte): scegliere cassette audio e video, materiale didattico, libri, dizionari, programmi radio e televisivi; stabilire contatti con madrelingua; seguire corsi; orientarsi tra i vari servizi offerti da scuole e centri culturali; organizzare soggiorni studio; intraprendere una corrispondenza epistolare in lingua ecc.

La guida contiene anche indicazioni per orientarsi tra scuole e istituti di lingue, delegando però alle "pagine gialle" della Sip l'elenco completo (cap. "Corsi in istituti di lingue" e Appendice).

In Appendice, indirizzi di centri e club linguistici, riviste, progetti di innovazione metodologica per lo studio, librerie specializzate... e naturalmente, per chi vuole saperne di più, una aggiornata bibliografia. Insomma, tutto quello che occorre per diventare poliglotti.

Ma attenzione: non esistono ricette adatte a ogni circostanza; ognuno di noi deve costruire il proprio percorso formativo "facendolo". Se uno davvero "vuole" imparare le lingue, allora sa cogliere tutte le occasioni, anche le più banali, per apprendere. Dice un antico proverbio cinese: "Quando l'allievo è pronto, il maestro appare".

*M.B.*

Prima parte

# ITALIANI, FUORI LA LINGUA!

# Analfabeti internazionali

Si riconoscono subito. Nei congressi internazionali sono gli unici ad ascoltare in cuffia la traduzione simultanea. E negli incontri con persone straniere hanno sempre bisogno dell'interprete.

Che gli italiani non sappiano l'inglese o altre lingue, è ormai uno stereotipo diffuso.

Secondo i dati di una inchiesta condotta dal Censis (Centro studi investimenti sociali) nel 1988, circa il dieci per cento dei giovani frequenta con una certa regolarità corsi di lingue straniere: complessivamente circa un milione di persone, per una spesa annuale di settecentocinquanta miliardi di lire.

Secondo stime della Cee, in Italia parlano altre lingue circa il sette per cento dei giovani e il quattro per cento delle persone con più di venticinque anni. In Olanda, oltre il cinquanta per cento dei giovani e il quaranta per cento degli adulti; in Danimarca il quarantacinque per cento dei giovani e il venticinque per cento degli adulti. L'oscar della conoscenza delle lingue spetta al Lussemburgo, con il suo novanta per cento di giovani e ottantotto per cento di adulti poliglotti.

Questi dati confermano una impressione diffusa: in Italia non si è ancora affermata una cultura sociale dell'apprendimento linguistico, così come è andata invece acquisendosi quella della salute o della qualità della vita e del tempo libero (come attestano i numerosi esempi di salvaguardia dell'ambiente a livello locale, le centinaia di palestre, di centri yoga, scuole di ballo ecc.).

"Nonostante tutto" scrive Federico Bussi commentando una ricerca del Censis sull'apprendimento delle lingue "il nostro è un Paese che in tema culturale è rimasto sostanzialmente autarchico: ha sempre trovato spinte propulsive e nuove energie all'interno della propria variegata cultura nazionale se non addirittura nelle subculture locali. Il che rappresenta da un lato una ricchezza, poiché fa da argine ai pericoli di colonizzazione culturale esistenti, ma dall'altro è penalizzante in termini di apertura verso le culture (e le lingue) straniere."

C'è chi fa notare che il fascismo aveva apertamente contrastato il diffondersi della lingua inglese. Ma anche senza volersi addentrare nell'analisi delle cause (politiche, geografiche, storiche ecc.), il fenomeno appare in tutta la sua evidenza persino in un ambito come quello del doppiaggio cinematografico: solo in Italia, infatti, i film in lingua originale vengono doppiati in italiano, mentre in quasi tutti gli altri Paesi europei vengono sottotitolati o, al più, vengono proposte le due versioni in sale cinematografiche diverse.

Resta dunque sostanzialmente vera l'affermazione secondo cui "gli italiani non sanno le lingue".

Ciò nonostante, la graduale e indispensabile internazionalizzazione dell'Italia continua. "Le famiglie" dice Nadio Delai, direttore del Censis "hanno imparato a incorporare la dimensione internazionale, aumentando le loro vacanze all'estero, incrementando il ricorso alle attività di formazione integrativa soprattutto nelle lingue straniere: i giovani seguono oggi con una certa regolarità corsi in tal senso, mentre il rito della vacanza preestiva in Inghilterra ha perso ormai lo smalto di un simbolo di status per diventare pratica sociale assai diffusa."

# Le lingue per tanti buoni motivi

Una forte motivazione: questo è il segreto per imparare le lingue. Lo sostengono molti studiosi che hanno condotto ricerche specifiche. Rebecca Oxford, ricercatrice dell'Università dell'Alabama, negli Usa, ha dimostrato che il grado di motivazione influisce sul come e quando una persona usa proprie strategie di apprendimento.

Ma che cos'è la motivazione? E come si fa a scoprire la propria?

La motivazione è legata anzitutto ad alcune caratteristiche del comportamento, come la decisione e l'ostinazione nel fare una certa cosa.

Chi vuole imparare una lingua decide di intraprendere una attività; vi dedica molto tempo e vi torna dopo ogni interruzione; mantiene un alto livello di impegno.

Altrettanto importanti sono i fattori attitudinali della motivazione:

- interesse, basato sull'esperienza e sulla formazione;
- rilevanza (cioè l'idea di poter soddisfare alcuni bisogni personali come la realizzazione di sé, il senso di partecipazione a un gruppo, il senso di potere);
- aspettativa di successo o di insuccesso;
- risultati (cioè il senso di appagamento).

Quando uno di questi fattori manca o è negativo, si indebolisce anche la motivazione all'apprendimento. Per esempio, un insegnante ipercritico nei confronti degli studenti può abbassare il loro livello di aspettativa di successo o ridurre la loro volontà di prestare attenzione o di continuare ad apprendere.

Da dove nasce, dunque, la motivazione? E quale produce migliori risultati nell'apprendimento di una lingua?

Secondo alcuni studiosi del comportamento la motivazione *integrativa* (desiderio di imparare una lingua per integrarsi con la corrispondente cultura) è più efficace di quella *strumentale* (desiderio di impararla per migliorare la propria posizione professionale, per la quale occorrono competenze linguistiche).

Quella integrativa si rifà alla teoria della *speech accomodation*: quanto più lo studente di lingue si identifica con un determinato gruppo, tanto più il suo modo di parlare si conforma a quello del gruppo stesso e risulta quindi più efficace e appropriato.

Tuttavia, quella appena operata, è solo una delle possibili distinzioni tra i moventi psicologici che spingono le persone ad apprendere una nuova lingua. C'è per esempio chi la impara per divertimento, non per utilità o per scopi sociali. Non è importante da dove nasca la motivazione: l'importante è che ci sia.

Ecco alcune buone ragioni che possono spingerci a imparare le lingue: mettiamo a fuoco quella, o quelle, che ci toccano di più, a seconda delle diverse "molle".

## La molla sociale

- L'italiano è un'isola linguistica. Per uscire dal nostro isolamento e comunicare con il mondo, dobbiamo parlare le grandi "lingue di contatto", vale a dire quelle dei Paesi confinanti (francese, tedesco); una grande "lingua veicolare" (inglese) e lingue di "apertura culturale" (russo, arabo, giapponese ecc.);
- con la libera circolazione della forza-lavoro in Europa, proprio le lingue meno diffuse potrebbero diventare le più richieste (greco, olandese, danese ecc.).

## La molla culturale

- Una nuova lingua apre le porte a una nuova cultura, a quanto è scritto, rappresentato, detto, vissuto, pensato e comunicato in quella lingua;
- saper agevolmente passare da una lingua all'altra costituisce un insostituibile passaporto per accedere a un mondo più vasto;
- la lingua materna rappresenta uno sbarramento da aggirare, una difesa con cui occorre venire a patti;
- una lingua, un uomo; due lingue, due uomini (proverbio cinese);
- quando si impara una nuova lingua, anche il sistema nervoso e la muscolatura prendono progressivamente la forma della nuova lingua. Parlando americano, divento americano; parlando giapponese, divento giapponese;
- nel mondo caratterizzato da gruppi policulturali, polirazziali, polifunzionali, polivalenti, polimorfi... Non si può vivere monolingue.

## La molla utilitaria

- Oggi, in un mondo basato sempre più sulla comunicazione, trova più facilmente lavoro chi conosce a fondo le lingue più importanti: chi parla, legge, scrive, capisce anzitutto l'inglese, ma anche il tedesco, il russo, il giapponese, il cinese o l'arabo, ha più possibilità.

## La molla dello sviluppo personale

- Essere poliglotti vuol dire poter accedere a nuovi modi di pensare;
- conoscere le lingue significa allargare la propria visuale;
- cambiare lingua equivale ad arricchirsi di una nuova dimensione, imparare a vedere il mondo da un altro punto di vista.

# Lingue e lavoro

## Uno straccio d'inglese, ma anche il russo

"Nelle grandi corporation il top management è formato da manager di tutte le parti del mondo. Ma gli italiani non ci sono quasi mai. Gli italiani non viaggiano, non parlano inglese. Riusciremo anche noi, tra dieci, quindici anni a parlare uno straccio d'inglese come fanno gli altri, no?"

La lamentela nel mondo del lavoro è sempre la stessa. Del resto i dati confermano una situazione allarmante.

"Sembra poco diffusa da noi una integrazione efficace tra cultura d'impresa e conoscenza delle lingue: all'estero è sempre più frequente l'utilizzo di corsi residenziali per l'apprendimento intensivo di una lingua straniera, cui vengono inviati quadri medio-alti con una certa regolarità. Da noi, invece, sembra quasi un lusso anche il corso in aula, se non si svolge entro le mura dell'azienda."

Così Diana Gilli, ricercatrice dell'Isfol (Istituto per lo sviluppo della formazione professionale dei lavoratori), riassume i risultati di una indagine sul fabbisogno di formazione linguistica nel mondo del lavoro, condotta nel 1992.

Nei comparti del campione (servizi, settore bancario-finanziario, ricerca applicata, media, assicurazioni, industria, istituzioni pubbliche e private) erano rappresentate dalle piccole alle medie e alle grandi imprese con un bilanciamento tra area pubblica e privata.

In sintesi, è risultato che, dove viene recepita dal management l'esigenza della formazione alle lingue, questa riguarda l'inglese nel novanta per cento e oltre dei casi. Il livello di conoscenza dell'inglese richiesta varia in funzione del ruolo rivestito dagli interessati. Così, i ruoli esecutivi hanno bisogno anzitutto dell'inglese parlato, con un vocabolario essenziale relativo alla trattazione di argomenti ben delimitati nell'ambito del proprio lavoro. Nei ruoli intermedi e tecnici assume invece una importanza maggiore una formazione linguistica più evoluta, con un vocabolario più sofisticato e specialistico. I dirigenti infine hanno bisogno di una conoscenza decisamente articolata dell'inglese, con una fluenza e una padronanza tali da permettere trattative e discussioni sui temi più svariati con clienti e partner commerciali.

L'indagine qualitativa dell'Isfol, condotta con questionari e interviste, ha mostrato che le altre lingue di interesse aziendale sono il francese – circa il cinque per cento – mentre il restante cinque per cento si divide tra tedesco, spagnolo, portoghese e russo. I responsabili del personale di molte aziende hanno comunque dichiarato la loro disponibilità ad attivare corsi di qualsiasi altra lingua risultasse utile ai fini aziendali.

Nell'indagine Isfol sono state prese in esame anche le scuole private di lingue, considerate come "sensori" del mercato. Anche da questo versante la lingua inglese è risultata nettamente la più richiesta sul mercato (circa l'ottanta-ottantacinque per cento), mentre è stato notato un incremento del tedesco e un decremento del francese. Alle spalle di questo primo blocco, una serie di indicazioni su percentuali molto basse parlano di una buona richiesta delle lingue spagnola, giapponese, portoghese e lingue orientali. Il russo da qualche anno viene dato un po' da tutti in visibile ascesa.

Significative anche le indicazioni provenienti dalle inserzioni sui quotidiani. La conoscenza dell'inglese (oltre l'ottanta per cento delle richieste) continua a essere requisito indispensabile per dirigenti e manager; seguono gli ingegneri e poco dopo gli impiegati amministrativi con mansioni direttive. Al quarto posto si collocano le richieste per analisti, programmatori e personale tecnico-informatico, mentre solo in quinta posizione compaiono i rappresentanti, il personale viaggiante, i mediatori.

Il tedesco viene richiesto principalmente al candidato direttore o manager, e in secondo luogo agli impiegati amministrativi con mansioni direttive. La capacità di parlare e capire il tedesco viene richiesta in terza battuta ai rappresentanti di commercio e a chi lavora viaggiando. Al quarto posto si collocano gli ingegneri e al quinto i tecnici con mansioni esecutive.

Una conferma dunque del predominio dell'inglese (80,3 per cento). Se poi si esclude circa il diciotto-diciannove per cento occupato da francese e tedesco, lo spazio riservato alle altre lingue è veramente piccolo.

## Lingue in azienda: che bisogno c'è?

Secondo l'indagine dell'Isfol, la lingua straniera continua a non essere considerata dalle piccole e medie imprese come un fattore produttivo, in grado cioè di incidere positivamente nei rapporti commerciali. I corsi richiesti alle scuole di lingue sono quelli standard e non sono specifici. "Non c'è nessuna analisi preventiva sui fabbisogni aziendali, nessuna valutazione durante o al termine del corso" dice Diana Gilli dell'Isfol, organismo che è responsabile dell'Azione III dell'agenzia Lingua (vedi Appendice).

Secondo un'altra indagine che l'Isfol conduce da anni sulla base degli annunci economici pubblicati sui quotidiani, la percentuale di domande di personale qualificato per il quale si richiede la conoscenza delle lingue è addirittura scesa. Negli anni Ottanta tale quota si aggirava tra il venti e il ventitré per cento del totale, nel 1991 si è scesi al 13,7 per cento. Nell'ottantasei per cento degli annunci non compare cioè, tra i requisiti necessari all'assunzione, la conoscenza di una lingua straniera. Questo è in parte dovuto al fatto che negli annunci economici si è contratta la richiesta di direttori, manager o quadri, vale a dire quei professionisti per i quali parlare un'altra lingua è indispensabile. "Ma" dice Gilli "ciò non basta a spiegare il fenomeno, soprattutto se lo si confronta con l'incremento dei corsi di lingua privati: forse esiste un bisogno di questo tipo di formazione nelle imprese ma non riesce a manifestarsi, né da parte dei dirigenti né dei dipendenti, che si rivolgono alle scuole di lingue solo per arginare i danni."

# Lingue a scuola

## Super English

L'inglese, il francese e, molto distaccato, il tedesco: questa è stata la ripartizione dell'insegnamento linguistico nella scuola secondaria italiana per quasi quarant'anni. E anche oggi resta tale, nonostante qualche novità.

Se negli anni Cinquanta e nei primi anni Sessanta il francese era considerato la più importante lingua veicolare e di cultura, negli anni successivi si è visto rimpiazzare dall'inglese.

Una spinta verso una maggior diversificazione nell'apprendimento delle lingue straniere è venuta nel 1977 con il progetto Ilsse (Insegnamento lingue straniere nella scuola elementare), approdato nella legge n. 148 del 1990 che prevede l'introduzione generalizzata delle lingue straniere nelle scuole elementari. Prima di questa legge il francese alle elementari veniva insegnato in soli dodici corsi nell'anno scolastico 1991-1992 e lo spagnolo in tre. Per l'anno scolastico 1992-1993, che fa parte della fase di transizione della legge 148, sono stati abilitati all'insegnamento linguistico circa ottomila docenti: 4500 per l'inglese, 2900 per il francese, 350 per il tedesco e solo centosessanta per lo spagnolo.

## La scienza non parla italiano

"La comunicazione scientifica in Occidente avviene in molte lingue prima che in italiano" dice Augusto Carli, direttore del

Cial (Centro interfacoltà per l'apprendimento delle lingue) dell'Università di Trento. "L'italiano figura a un rango non solo subordinato, ovviamente, all'inglese, ma anche al tedesco, al francese e, secondo gli ambiti disciplinari, anche allo spagnolo e al russo." Proprio per questo molte università stanno attuando numerose iniziative per adattare lo studio delle lingue agli scopi specifici degli studenti. Così, il Cial offre servizi linguistici agli iscritti all'ateneo trentino, agli studenti che partecipano ai progetti di scambio internazionale (Erasmus, Tempus, Lingua ecc.), al personale docente e ricercatore, a quello tecnico-amministrativo, ai dottorandi, agli specializzandi e agli allievi delle scuole dirette a fini speciali di tutte le facoltà.

Per l'intera durata dell'anno accademico, il Cial organizza corsi ed eroga servizi di consulenza didattica per l'apprendimento autonomo e autodiretto di inglese, tedesco, francese, spagnolo, rumeno, russo, olandese e italiano come lingua straniera.

In Italia i centri linguistici universitari sono una ventina. Rispondono all'esigenza di promuovere una conoscenza della lingua per usi comunicativi e non soltanto letterari. Lo scopo, infatti, è la formazione plurilingue del futuro laureato italiano, che lo metta nella condizione di moltiplicare la sua capacità di aggiornamento nella specifica disciplina di studio. Esami di profitto, lavori individuali di seminario, tesine di ricerca, tesi di laurea sono attività che richiedono la consultazione di testi in lingue diverse o la partecipazione a incontri, interviste, conferenze con persone di altri Paesi.

Con queste finalità pratiche, nei centri linguistici universitari si insegnano le quattordici lingue più utilizzate in Europa e qualche lingua orientale di grande diffusione come l'arabo, il giapponese e il cinese.

Anche la scuola, dunque, come rilevatore dei bisogni culturali della società, avverte l'esigenza ineludibile di plurilinguismo nella comunicazione.

# Lingue nelle professioni

## Imparare da adulti

Il Consiglio d'Europa, organismo di cooperazione culturale fra gli Stati europei, ha svolto un'indagine per classificare i bisogni linguistici negli adulti in riferimento al loro lavoro. La ricerca muove dalla convinzione che il movimento di centralizzazione e di uniformazione in atto in tutte le attività imporrà l'uso di una o più lingue di comunicazione mondiale, che relegherà le altre al ruolo di dialetti. L'insegnamento potrà così concentrarsi soltanto su una o due lingue, che saranno le stesse in tutto il mondo.

Tale classificazione è basata sulla valutazione di alcuni dati: una definizione di studente adulto; le caratteristiche della società che influenzano i bisogni linguistici; i criteri di classificazione dei bisogni linguistici.

### *Chi è l'adulto?*

È colui che, terminati gli studi obbligatori, desidera intraprendere lo studio di una nuova lingua, attività che si aggiunge a quelle che già svolge. In genere, quindi, ha poco tempo da dedicare all'apprendimento. Se frequenta un corso, questo è in genere di alcune ore settimanali. Dato il poco tempo che ha a disposizione, desidera imparare in fretta e vedere subito i risultati. È convinto che imparare una lingua significhi sapere a memoria lunghi elenchi di termini, regole di grammatica, schemi di coniugazione dei verbi, confondendo i risultati con i mezzi.

Le motivazioni ad apprendere sono molto forti all'inizio; poi si indeboliscono, con conseguenze negative per l'apprendimento. Le interferenze fra lingua materna e lingua allo studio sono difficili da eliminare. Il confronto fra le due diventa un riflesso condizionato e per questo l'adulto non riesce a fare a meno di tradurre. Con l'età il sistema uditivo-fonetico diventa più difficile da rieducare.

Se ha terminato precocemente gli studi, poi, lo studente adulto avverte maggiore difficoltà a concentrarsi e a memorizzare; spesso non sa sfruttare gli strumenti pedagogici a disposizione; in genere, può dedicarsi allo studio quando è più stanco mentalmente per gli impegni professionali, magari dopo una giornata di lavoro; mostra delle resistenze verso il lavoro di gruppo: teme il giudizio degli altri e preferisce non svelare le sue inattitudini. Infine, pretende di padroneggiare la lingua straniera ancor prima di averla praticata, il che si traduce nel timore di commettere degli sbagli e in una spiccata ritrosia a parlare.

### *La società*

Ecco alcune caratteristiche che possono influenzare i bisogni presenti e futuri degli adulti nel campo delle lingue straniere:

- la società è caratterizzata dalla specializzazione delle funzioni e dalla professionalizzazione. Si può prevedere che la maggior parte della futura attività lavorativa sarà nel settore terziario, per l'alta scolarizzazione diffusa e per l'incremento dell'automazione;
- con la prosperità economica si creano nuove esigenze: viaggi, automobili, computer... E altri bisogni nascono: intellettuali, estetici, spirituali;
- nella società postmoderna ognuno deve rivestire più ruoli, il che determina una frammentazione della personalità;
- l'economia di produzione consente lo sviluppo di una civiltà del tempo libero e dello svago: larga parte dei consumi interessa proprio questi settori;

- i mezzi di comunicazione di massa hanno creato una interdipendenza tra le culture regionali e nazionali e tra le economie nazionali.

Da quanto accennato si capisce quante e quanto forti siano le spinte verso l'apprendimento diffuso delle lingue straniere. In un mondo dominato dall'interdipendenza economica e culturale di tutti i Paesi, dall'istruzione e professionalizzazione, dal tempo libero, la conoscenza di una o più lingue straniere diventa una necessità assoluta.

*Criteri di classificazione*

I bisogni di formazione linguistica degli adulti sono stati suddivisi in due grandi categorie:

- bisogni socio-professionali: le principali professioni richiedono, a diversi livelli, conoscenze linguistiche;
- bisogni socio-culturali: tutti possiamo avere la necessità di apprendere una lingua per ragioni indipendenti dalla nostra professione, per esempio per viaggiare, per leggere autori in lingua originale ecc.

I bisogni linguistici vengono, qui di seguito, valutati in funzione di quattro abilità (comprendere, parlare, leggere e scrivere), accanto alle quali un segno ne indicherà il grado di importanza come illustrato:

+ molto importante
0 importante
– meno importante.

## Una classifica dei bisogni linguistici

*Categoria: medici, dentisti, veterinari e assimilati*

NOTE Spesso devono seguire corsi di aggiornamento all'estero.

COMPRENDERE Partecipazione a congressi, seminari, colloqui ecc. Bisogno di capire una lingua specializzata: (–).

Stage di formazione. Bisogno di comprendere una lingua specializzata, ma anche di comunicazione: (+).

PARLARE Partecipazione a congressi, seminari, incontri ecc. Bisogno di comunicare con i colleghi. Lingua di specializzazione e lingua di comunicazione corrente: (–).
Stage di formazione pratica. Bisogno di parlare una lingua di comunicazione e di specializzazione: (+).

LEGGERE Necessità di leggere opere, articoli, relazioni sui problemi specifici del settore. Bisogno di possedere un vocabolario specializzato: (+).

SCRIVERE Possibilità di scrivere relazioni, diagnosi, prescrizioni. Bisogno di una lingua di specialitzzazione: (–).

### *Categoria: matematici, analisti di sistemi, esperti di statistica e assimilati*

NOTE Si occupano di ricerca, analisi, applicazioni della matematica nei settori della gestione e dell'informatica.

COMPRENDERE Possibilità di indagini statistiche, di inchieste, analisi sistemiche a livello internazionale. Bisogno di una lingua di specializzazione, ma anche di comunicazione: (0).

PARLARE Vedi "Comprendere".

LEGGERE Necessità di leggere libri, articoli, relazioni, programmi sui problemi specifici di questo settore: (+).

SCRIVERE Possibilità di scrivere relazioni, programmi, inchieste. Bisogno di una lingua specializzata: (0).

### *Categoria: avvocati*

NOTE Difendono le cause per conto dei loro clienti, emettono giudizi, danno pareri sulle questioni giuridiche ecc. Sono sempre più chiamati a esercitare la loro attività su un piano europeo e internazionale.

COMPRENDERE Possibilità di occuparsi di una causa all'estero o comunque a livello internazionale.

Possibilità di esser chiamati come consulenti all'estero. Bisogno di comprendere una lingua di comunicazione assieme a una di specializzazione: (0).

PARLARE Vedi "Comprendere".

LEGGERE Necessità di leggere la documentazione relativa ai problemi giuridici. Bisogno di una lingua specialistica: (+).

SCRIVERE Possibilità di scrivere relazioni o documenti su temi giuridici. Bisogno di una lingua specialistica: (0).

### *Categoria: giornalisti*

NOTE Raccolgono, riferiscono e commentano le notizie, per la pubblicazione su giornali e periodici, o per la loro trasmissione via radio o televisione.

COMPRENDERE Necessità di comprendere una lingua di comunicazione per raccogliere informazioni di prima mano: (+).

PARLARE Necessità di parlare una lingua di comunicazione per realizzare interviste: (+).

LEGGERE Necessità di leggere documentazione scritta per raccogliere e trasmettere informazioni: (+).

SCRIVERE Possibilità di trasmettere una informazione per iscritto: (–).

### *Categoria: pubblicitari*

NOTE La pubblicità si svolge sempre più su scala internazionale: la conoscenza delle lingue è per queste persone un requisito indispensabile.

COMPRENDERE Necessità di comprendere una lingua di comunicazione e di una certa specializzazione: (0).

PARLARE Necessità di parlare una lingua di comunicazione e di una certa specializzazione per gestire campagne pubblicitarie: (0).

LEGGERE Necessità di leggere documentazione di settore: (+).

SCRIVERE Necessità di creare progetti, relazioni, programmi, e di tenere corrispondenza in lingue straniere: (0).

*Categoria: quadri e dirigenti*

NOTE Organizzano, coordinano e dirigono le attività di aziende, istituzioni, organizzazioni pubbliche e private.

COMPRENDERE Necessità di comprendere una lingua di comunicazione e una lingua di specializzazione relativa alle funzioni svolte: (+).

PARLARE Vedi "Comprendere".

LEGGERE Necessità di leggere documentazione relativa alle proprie funzioni: (+).

SCRIVERE Per la corrispondenza e la redazione di documenti relativi alla propria attività: (0).

*Categoria: receptionist, assistenti, impiegati in agenzie di viaggio*

NOTE Accolgono clienti, danno informazioni negli uffici degli alberghi e di altre strutture, organizzano viaggi.

COMPRENDERE Necessità di comprendere una lingua di comunicazione per fornire le indicazioni richieste: (+).

PARLARE Necessità di parlare una lingua di comunicazione: (+).

LEGGERE Bisogno di leggere documenti relativi alle attività da svolgere: (0).

SCRIVERE Bisogno di redigere testi, documenti, compilare moduli: (0).

*Categoria: direttori di vendita ed esperti di acquisti*

NOTE Stabiliscono la natura, la qualità e la quantità delle merci necessarie per rispondere alla domanda della clientela e le acquistano per la rivendita.

COMPRENDERE Necessità di comprendere una lingua di comunicazione e una di specializzazione a seconda del settore commerciale: (+).

PARLARE Necessità di parlare una lingua di comunicazione e una più specializzata per trattare gli affari: (+).

LEGGERE Necessità di leggere la documentazione relativa alla propria attività. Bisogno di una lingua di specializzazione: (+).

SCRIVERE Necessità di assicurare la corrispondenza scritta per le esigenze di vendita e di acquisto: (+).

### *Categoria: agenti di commercio, tecnici, commessi viaggiatori*

NOTE Vendono servizi specializzati di carattere tecnico, forniscono informazioni e consigli tecnici ai clienti prima e dopo la vendita, sollecitano ordini ecc.

COMPRENDERE Necessità di comprendere una lingua di comunicazione e di specializzazione a seconda del settore commerciale: (+).

PARLARE Necessità di parlare una lingua di comunicazione e di specializzazione per gestire gli affari e fornire istruzioni: (+).

LEGGERE Necessità di leggere documenti relativi alla propria attività. Bisogno di una lingua di specializzazione: (+).

SCRIVERE Bisogno di scrivere lettere, relazioni, documenti relativi alla propria attività: (0).

### *Categoria: camerieri, barman e assimilati*

NOTE Servono i pasti in ristoranti, bar e strutture pubbliche similari.

COMPRENDERE Necessità di comprendere una lingua di comunicazione e di una certa specializzazione: (+).

PARLARE Vedi "Comprendere".

LEGGERE Necessità di leggere certi documenti relativi al proprio lavoro: (0).

SCRIVERE Nessuna necessità.

*Categoria: guide turistiche*

NOTE Accompagnano individui o gruppi in viaggi, escursioni e visite turistiche.

COMPRENDERE Bisogno di comprendere una lingua di comunicazione: (+).

PARLARE Necessità di parlare una lingua di comunicazione e di una certa specializzazione per dare informazioni e spiegazioni: (+).

LEGGERE Bisogno di leggere documenti relativi alla propria attività: (0).

SCRIVERE Nessuna particolare necessità.

## *Scopriamo le nostre motivazioni linguistiche più forti*

Nel campo socio-professionale

- sapere la lingua x può sempre servire
- nella mia professione o in quella che svolgerò bisogna sapere la lingua x
- mi è stato offerto un posto migliore nella mia azienda a condizione che io conosca la lingua x
- sono stato nominato a un nuovo incarico aziendale e devo sapere la lingua x
- se conosco la lingua x, ho buone possibilità di ottenere un altro incarico aziendale
- mi è stato offerto un posto in un'altra azienda a condizione che io sappia la lingua x
- ho un incarico in un'altra azienda e devo conoscere la lingua x
- spero di ottenere un posto in un'altra azienda se conosco la lingua x
- voglio cambiare la mia attività con un'altra che richiede la conoscenza della lingua x
- devo cambiare lavoro, e il nuovo ruolo richiede la conoscenza della lingua x

...

...

- sapere la lingua x mi aiuterà a guadagnare di più
- sapere la lingua x mi aiuterà a fare un lavoro più interessante
- sapere la lingua x mi aiuterà a rendermi più indipendente
- sapere la lingua x mi aiuterà ad avere più responsabilità, potere e importanza
- sapere la lingua x mi aiuterà a realizzarmi meglio
- sapere la lingua x mi permetterà di viaggiare.

Nel campo socio-culturale

- oggi bisogna sapere le lingue e in particolare la lingua x
- amo le lingue e in particolare la lingua x
- amo viaggiare e per farlo occorre conoscere la lingua x
- ho molti amici che parlano la lingua x
- il mio parente è di lingua materna x
- il mio futuro parente o il mio amico (amica) è di lingua materna x
- vado in vacanza in un Paese di lingua x
- voglio andare a vivere in un Paese di lingua x
- accompagno spesso il mio parente nei suoi viaggi e per questo voglio sapere la lingua x
- il mio parente va a lavorare in un Paese di lingua x
- devo sapere la lingua x per occuparmi di attività extraprofessionali
- voglio leggere gli autori nella loro lingua
- voglio seguire manifestazioni culturali (cinema, teatro, conferenze ecc.) nella lingua x.

Seconda parte

# LA COMUNICAZIONE LINGUISTICA

# L'apprendimento naturale

"Le lingue straniere vanno imparate nello stesso modo in cui abbiamo imparato quella materna" sostiene il pedagogista Roberto Assagioli, fondatore della psicosintesi (insieme di metodi di azione psicologica finalizzati a promuovere l'armonia della personalità). "I bambini imparano quasi esclusivamente con l'inconscio, per diretto assorbimento, senza alcuno sforzo deliberato, senza 'studiare', senza fretta, né preoccupazione. Noi dobbiamo rimetterci il più possibile in uno stato simile di pura recettività, finché non sorge l'impulso a riprodurre i suoni uditi. Ogni tentativo prematuro di farli ripetere attivamente implica uno sforzo e una conseguente reazione dell'inconscio e quindi spreco di energie e ritardo."

Assagioli non è l'unico a mettere l'accento sulle caratteristiche dell'apprendimento naturale. Anche lo psicolinguista americano Stephen P. Krashen sostiene che lo studente può acquisire la grammatica di una lingua semplicemente esponendosi a essa, piuttosto che attraverso il processo d'istruzione. Nel suo modello, chiamato *natural approach*, egli distingue fra "acquisizione" e "apprendimento".

L'"acquisizione" è l'assorbimento di una lingua attraverso l'inconscio, proprio come fanno i bambini. L'"apprendimento" invece riguarda lo studio conscio delle funzioni e caratteristiche della lingua.

La conoscenza "appresa" sarebbe utilizzabile da una particolare funzione mentale che lui chiama "monitor", la quale ha il compito di completare e modificare le espressioni generate dalla conoscenza "acquisita".

Per esempio, chi apprende l'inglese può ascoltare il verbo *runs*, ma ripeterlo come *run*, dicendo qualcosa come: "*John run to school*". A questo punto però può intervenire una regola "appresa" ("la terza persona dei verbi finisce in *s*") e quindi correggere la precedente espressione in "*John runs to school*". Questa attività di monitoraggio ha, secondo Krashen, una funzione limitata nella produzione linguistica. Il suo intervento non è immediato come avviene per quanto è "acquisito".

Affinché si attivi il "monitor grammaticale" occorrono almeno tre condizioni: tempo sufficiente per pensare alla regola e applicarla; messa a fuoco degli aspetti formali della lingua; conoscenza della regola da parte di chi utilizza la lingua.

Ma ha scritto il filosofo inglese Bertrand Russell: "Se vado al ristorante e ordino il pasto, non chiedo che le mie parole si inscrivano in un sistema di altre parole, ma semplicemente che mi portino da mangiare".

## *Così "assorbiamo" la lingua straniera*

Da bambini acquisiamo la lingua esponendoci ai suoi suoni e ai loro significati. Durante questo periodo di esposizione:

- il meccanismo di acquisizione linguistica seleziona elementi da tutti gli stimoli, linguistici e non, che la mente raccoglie;
- questo processo di selezione porta all'assorbimento di competenze;
- mentre il bambino assorbe, senza "apprendere", l'adulto produce linguaggio esclusivamente sulla base di competenze acquisite;
- c'è quindi un certo periodo di silenzio fra il momento della prima esposizione ai suoni e il momento in cui si riesce a riprodurli;
- la competenza acquisita si sviluppa solo gradualmente;
- perciò all'inizio ci sono dei tentativi linguistici molto primitivi e maldestri rispetto al parlare della persona matura;

...

...

- con il passare del tempo, tuttavia, la produzione linguistica migliora;
- il processo di acquisizione è più veloce quando l'individuo è libero da ansia e distrazioni inutili;
- l'acquisizione da parte dell'adulto è più efficace se si espone a una lingua che può intendere, ma che va un po' oltre a quella che è già in grado di produrre;
- imparare regole o liste di parole, o cercare di fermare l'attenzione su un punto dopo l'altro (cioè "apprendere") è inutile. Addirittura può essere controproducente. A ogni modo non porta all'acquisizione di competenze (saper fare), unica fonte di produzione linguistica spontanea.

# Giochiamo con i suoni

"Che cosa fanno i bambini prima di parlare?" si chiede Cecilia Bartoli, la studiosa che ha introdotto in Italia il metodo "silent way" per l'apprendimento delle lingue (vedi paragrafo "Il 'silent way' di Caleb Gattegno"). I bambini emettono dei suoni, giocano con tutti i muscoli della bocca, della gola, del torace che servono loro per tirare fuori la voce, modularla a loro piacimento, renderla potente o debolissima. Infatti, prima ancora di imparare a parlare, sembra già che essi parlino, che facciano lunghi discorsi, formati di lunghe e ineguali articolazioni di suoni del tutto simili alla lingua dell'ambiente in cui vivono.

Insomma, sono intenti a scoprire una parte del loro corpo, quella che serve per parlare: vogliono imparare a padroneggiarla e sottometterla alla loro volontà.

Anche noi sappiamo che, a nostro piacere, possiamo alzare la voce o abbassarla, parlare rapidamente o lentamente, parlare con un tono dolce o aspro. Tutto questo abbiamo imparato a farlo fin da bambini.

Proprio perché queste sono operazioni comuni, le diamo per scontate. Non ci rendiamo conto che proprio durante i primi anni di vita ci siamo impegnati in un dialogo con tutte le nostre corde vocali e con tutti i muscoli necessari per produrre dei suoni.

Questa fase è estremamente importante per l'apprendimento di qualunque altra lingua.

Per riprendere questo percorso, dovremmo scoprire che giocare con i suoni è coinvolgente, anche se all'apparenza inutile. Se stiamo a questo gioco, educheremo i nostri muscoli a emettere suoni sconosciuti e strani, scopriremo di fare progressi velocemente.

Insomma, saremo facilitati nell'imparare le lingue se prenderemo gusto a giocare con i suoni, a imitare e assumere cadenze diverse; se non ci blocchiamo per una parola che non ci viene in mente (basta inventarla!), se non ci sentiamo ridicoli quando sbagliamo.

## *Superiamo l'imbarazzo della nuova lingua*

Vi proponiamo un piccolo test per capire quanto siete "sciolti" nei confronti della lingua che state studiando:

- Se vedi uno straniero, ti piace far vedere che sai qualche parola e sei disponibile ad aiutarlo?
- Ti capita di ripetere frasi in lingua straniera quando sei da solo? O parole di una canzone che ti piace?
- Quali sensazioni provi nell'ascoltare chi parla dal vivo la lingua che stai studiando? Ti senti incuriosito, attratto, coinvolto, affascinato?
- Hai notato quali formule riempitive usano gli inglesi, i francesi, i tedeschi quando stanno pensando a cosa dire o mentre cercano la parola giusta?
- Quali sono i suoni più buffi che ti è capitato di sentire da chi non parla l'italiano?

# Apriamo bene le orecchie

"Suona bene, suona male?" Tutti coloro che parlano una lingua si "fanno" l'orecchio. "Per apprendere una lingua, occorre sentirla, e sentirla fino a saperla ascoltare" sostiene Alfred Tomatis, inventore dell'approccio audio-psico-fonologico allo studio delle lingue (vedi cap. "I metodi psicofonici"). "Il bambino ha un orecchio plastico (duttile) capace di integrare tutti i suoni, quelli della lingua madre come quelli delle lingue straniere. Se le regole di integrazione linguistica sono seguite dall'ambiente familiare e sociale, il bambino diventa poliglotta o almeno bilingue in pochi mesi."

Quando i genitori sono di lingua madre diversa devono quindi rivolgersi al figlio ciascuno nella propria lingua. Il bambino sa cogliere benissimo le differenze tra i diversi canali sonori sia sul piano dell'ascolto sia sul piano della riproduzione dei suoni stessi. Dispone l'orecchio all'universo acustico specifico della lingua che gli viene proposta dall'uno o dall'altro genitore. Non trova niente di strano nella lingua sociale, che impara prima farfugliando qualcosa e poi costruendo delle frasi che gli permetteranno di esprimersi correttamente nell'ambiente in cui vive.

Le tecniche audiovocali rivestono un ruolo primario nell'apprendimento delle lingue. L'ascolto rigoroso e l'autoascolto sono strumenti indispensabili. "Ma il vero ascolto" fa notare Cecilia Bartoli "comporta abbandono temporaneo del proprio punto di vista e, di conseguenza, accesso alla realtà dell'altro che, a sua volta, vuole dire anche vaste possibilità di conoscenza."

# Educhiamo la consapevolezza comunicativa

Apprendere la prima lingua è stato per ognuno di noi una sfida continua, anche se con il passare del tempo ce ne siamo dimenticati. Caleb Gattegno, creatore del metodo "silent way", parla di una serie di prese di coscienza. L'ambiente attorno a noi reagiva infatti in modo diverso alle sequenze di suoni che noi emettevamo: alcune erano privilegiate, come "ma-ma", "pa-pa" perché creavano negli adulti una reazione affettiva, diversamente da altre che invece non la provocavano. Avremo percepito che queste reazioni erano diverse, ce ne saremo chiesti il perché (ovviamente a livelli mentali ancora bassi) e formulato ipotesi che a certe sequenze sonore corrispondesse qualcosa di concreto. Così il bambino che riesce ad associare un liquido che beve alla parola "acqua", e capisce che a ogni sequenza di suoni corrisponde una realtà del mondo esterno, avrà solo il compito di stabilire tali corrispondenze. A questo punto il lavoro mentale del bambino sarà stato quello di distinguere sequenze associate a cose e persone da altre prive di legami. "Si pensi, per fare un esempio" scrive Cecilia Bartoli "alla complessità e all'attenzione richieste per scoprire che il suono *e* non è associato ad alcuna realtà percettiva, ma allo stato energetico in cui si trova l'ascoltatore quando gli viene elencata una serie di cose."

Immaginiamo di ascoltare qualcuno che dice: "Per strada ho visto due mucche, due gatti e...". L'aspettativa che è in noi viene espressa dal suono *e*, il cui significato è dato dall'incollamento della carica energetica della nostra aspettativa con il suono stesso. In questo caso il significato nasce dall'unione di un suono con una realtà interiore (una percezione, un senso di attesa ecc.).

Non ci rendiamo conto della complessità e del lavoro mentale che affronta un bambino di uno o due anni quando sente dire dagli adulti una frase come: "Ti ricordi che ieri siamo andati a giocare ai giardinetti?". Scopre infatti che alla locuzione "siamo andati" corrisponde una realtà temporale, mentre "giardinetti" corrisponde a una realtà spaziale.

Imparare la lingua materna è quindi un risultato straordinario, se si pensa che questa attività è stata svolta senza l'aiuto di altri e senza il supporto di strumenti.

Ma ogni bambino svolge questo cammino di apprendimento in un modo diverso. Né potrà più imparare un'altra lingua nello stesso modo, perché non potrà più partire da zero e la prima lingua diventerà un mezzo per apprendere la seconda o le successive. Prendere coscienza di questo cammino di autoconsapevolezza è importante per capire come imparare a usare una nuova lingua da adulti.

Ecco gli undici punti che riassumono l'approccio "silent way" di Caleb Gattegno:

**1**. Riteniamo meglio tutto ciò che affrontiamo con consapevolezza.

**2**. Gli studenti devono mettersi in relazione con la nuova lingua per renderla propria; mettersi in relazione con qualunque altra cosa costituisce una distrazione.

**3**. Gli insegnanti devono preoccuparsi dei processi interiori degli studenti e non della lingua, che riguarda gli studenti stessi.

**4**. La capacità di ripetere quello che qualcuno ha detto non è una prova che ciò sia stato ritenuto.

**5**. Ascoltare qualcosa molte volte non garantisce la ritenzione della cosa, tanto meno la sua comprensione.

**6**. Non tutto l'apprendimento avviene "qui e ora"; esso può avvenire perché abbiamo dormito e nel sonno abbiamo operato tutta una serie di operazioni di selezione.

**7**. I cambiamenti avvengono solo quando si lavora su se stessi.

**8**. Non possiamo essere perfetti, ma dobbiamo puntare su un miglioramento costante.

**9**. Occorre tendere al massimo risultato raggiungibile in ogni momento in modo da ottenere migliori risultati complessivi.

**10**. Se l'apprendimento è avvenuto in ogni momento, vuol dire che si funziona sempre meglio.

**11**. Gli insegnanti devono favorire la consapevolezza più che l'accumulazione di conoscenze, l'agilità mentale più che l'erudizione.

# Sviluppiamo i nostri poteri mentali

Immaginazione, memoria, capacità di formulare ipotesi e di verificarle e ancora percezione, creatività. Tutti siamo dotati di queste capacità anche se non ce ne rendiamo conto.

Da bambini abbiamo attribuito un significato alle cose associando suoni con oggetti e persone, dopo ipotesi, verifiche, prove ed errori. Insomma, attraverso iniziative individuali.

Anche da adulti l'iniziativa costituisce una fase importante dell'apprendimento di una lingua. Decidere di fare qualcosa per imparare vuol dire anzitutto diventare consapevoli della varietà delle nostre facoltà: non solo memoria, ma anche immaginazione, intuizione, agilità mentale, capacità di ipotizzare, elaborare, trasformare e recuperare informazioni...

I modi per arrivare a conoscere, per acquisire nuovi comportamenti non sono legati comunque alla logica, al ragionamento, cioè alle funzioni dell'emisfero sinistro del cervello. Anche quelle visive, sonore, percettive, emotive di identificazione, collegate all'emisfero destro, svolgono un compito determinante nell'apprendimento.

Apprende le lingue più facilmente chi sviluppa tutte le proprie capacità percettive: ascoltare musica, rilassarsi, rendere fluido e flessibile il pensiero, visualizzare mentalmente sono capacità che facilitano l'assorbimento linguistico.

# Sappiamo respirare in modo diverso?

Da adulti si diventa responsabili del proprio sviluppo linguistico. Più che immagazzinare informazioni, ciò significa che dobbiamo sperimentare nuovi saperi, vale a dire nuovi "modi di fare".

Ogni lingua, fa notare Gattegno, richiede che la respirazione segua ritmi unici e specifici. Questo dato di fatto non viene mai preso in considerazione quando ci si accinge a imparare una nuova lingua. Eppure, uno sfasamento di respirazione può provocare notevoli difficoltà: ci si può trovare con il fiato mozzo a metà di una frase o essere costretti a storpiarne l'intonazione o la musicalità. Respirare in modo diverso diventa dunque un'abitudine da apprendere anche se non è classificabile come "informazione": è questione di saper variare la distribuzione dell'energia dell'atto respiratorio. E per arrivare a questo "sapere" si mettono in moto meccanismi diversi da quelli intellettivi.

Apprendere una lingua non è quindi solo un fatto di memoria o di orecchio. "È sposare il comportamento proprio di una determinata lingua" dice lo psicolinguista Alfred Tomatis. "Significa entrare in una psicologia particolare, adottare un pensiero specifico e adattare il corpo in modo che prenda la posizione che gli impone la lingua. È un vero processo di identificazione."

Nell'apprendimento di una lingua sono dunque innumerevoli le componenti che possono causare vere difficoltà a chi vi si sta applicando. Tra queste, il disadattamento acustico: non è facile abituarsi a bande sonore estranee alla nostra lingua materna.

Ogni lingua comporta un riadattamento dell'orecchio e della laringe: non si tratta tanto di "imparare" delle parole, ma di pensare utilizzando il corpo in modo diverso.

# Impariamo a imparare le lingue

Bisogna tornare bambini, dicono alcuni. Da piccoli si impara senza fatica: si è esposti per tanto tempo ai suoni della lingua materna e si ha bisogno di comunicare nel modo più economico e più efficace. Qualcosa del genere dovremmo fare anche noi: ascoltare tanto, imitare, divertirci a farfugliare i nuovi suoni della lingua fino a riuscire a parlarla, per chiedere, spiegare, attirare l'attenzione sulle nostre richieste, per soddisfare i nostri bisogni di comunicazione. Solo dopo viene il momento di scrivere.

Ma la correlazione con il modello infantile termina qui.

Non siamo più bambini; da adulti, le nostre esigenze di apprendimento sono cambiate, abbiamo sviluppato metodi di approccio alla nuova lingua diversi. Dobbiamo e possiamo imparare da ragazzi, da giovani, da adulti, sfruttando la nostra esperienza, le nostre caratteristiche personali.

Un fenomeno che si verifica di frequente è quello del rifiuto a imparare una lingua per una serie di motivi inconsci: si tratta di veri e propri blocchi della motivazione e delle attitudini.

## Non lasciamoci bloccare

Le tappe e le tensioni che si manifestano di fronte allo scoglio dell'apprendimento linguistico sono state attentamente studiate da un gruppo di ricercatori e docenti.

Nell'ambito del "progetto di innovazione nell'insegnamento linguistico", commissionato al Censis dall'Act (Accademia di commercio e turismo) di Trento, una ventina di giovani diplomati hanno ricostruito le loro storie di apprendimento, lasciandone emergere i principali fattori bloccanti (si veda Tab. 1).

Come si può evincere dalla tabella, il principale fattore negativo nell'apprendimento è la paura di sbagliare, di essere valutati e corretti; mentre sono considerati fattori positivi l'incoraggiamento all'autonomia di elaborazione, la comprensione, la solidarietà e la competenza dell'insegnante da cui si è seguiti.

La ricerca del Censis ha fatto emergere anche le motivazioni allo studio delle lingue espresse dagli intervistati (si veda Tab. 2).

Tabella 1

*Fattori inerenti la situazione dell'apprendimento: indici di importanza* (*valori assoluti*)

| QUANTO SONO IMPORTANTI | MOLTO | ABBASTANZA | PER NIENTE | TOTALE RISPOSTE |
|---|---|---|---|---|
| • la competenza dell'insegnante | 16 | 3 | – | 19 |
| • la severità dell'insegnante nell'esigere i risultati | 5 | 12 | – | 17 |
| • la mancanza di severità dell'insegnante nell'esigere i risultati | – | 2 | – | 2 |
| • la comprensione e il sostegno nell'affrontare le difficoltà | 14 | 4 | 1 | 19 |
| • la punizione dell'errore | 1 | 5 | 1 | 7 |

| QUANTO SONO IMPORTANTI | MOLTO | ABBASTANZA | PER NIENTE | TOTALE RISPOSTE |
|---|---|---|---|---|
| • la non punizione dell'errore | 9 | 3 | – | 12 |
| • la vergogna dell'errore | 2 | 1 | 3 | 6 |
| • la non vergogna dell'errore | 12 | 1 | – | 13 |
| • l'incoraggiamento all'autonomia di elaborazione | 16 | 1 | – | 17 |
| • il non incoraggiamento all'autonomia di elaborazione | 2 | – | – | 2 |
| • la competitività di gruppo | 6 | 6 | – | 12 |
| • la non competitività di gruppo | 4 | 2 | 1 | 7 |
| • la collaborazione e la solidarietà di gruppo | 15 | 3 | 1 | 19 |
| • la possibilità di richiesta di performance non strutturata | 15 | 2 | 2 | 19 |
| • la fretta di imparare | 1 | 7 | – | 8 |
| • il non avere fretta di imparare | 3 | 7 | 1 | 11 |
| • la percezione di "farcela" a imparare una lingua | 17 | 1 | 1 | 19 |
| • la sicurezza in se stessi | 15 | 4 | – | 19 |

*Fonte: indagine Censis*

Tabella 2

*Motivazioni allo studio delle lingue straniere*

| IMPARARE LE LINGUE STRANIERE È | RISPOSTE POSITIVE | PRIORITÀ I | PRIORITÀ II |
|---|---|---|---|
| • indispensabile per la professione | 18 | 5 | 6 |
| • necessario per conoscere altre realtà culturali | 13 | 5 | 2 |
| • fonte di sicurezza nei rapporti personali | 9 | 3 | 5 |
| • un piacere personale | 8 | 3 | 4 |
| • un fatto di ambizione personale e professionale | 5 | 3 | – |
| • un semplice obbligo scolastico | 1 | – | – |
| • sentirsi superiori agli altri | 1 | – | – |

NB. Sono state ammesse più risposte. Nella tabella sono indicate solo le prime due priorità.

*Fonte: indagine Censis*

Le motivazioni prevalenti sono dunque quella utilitaristica e quella di chi ritiene lo studio della lingua un mezzo per poter approfondire la conoscenza di altre culture. Significative anche le motivazioni riguardanti la sfera emotiva: la sicurezza nei rapporti interpersonali e il piacere derivanti dalla padronanza di una lingua interessano infatti quasi la metà degli intervistati.

Importanti sono altresì le indicazioni che emergono dalle seguenti tabelle (si vedano Tabb. 3 e 4).

Tabella 3
*Percezione della valenza ludica del linguaggio*

| ITEMS | SI | NO | TOTALE RISPOSTE |
|---|---|---|---|
| • ti piace giocare con i suoni? | 15 | 4 | 19 |
| • ti piace imitare e assumere cadenze diverse? | 19 | – | 19 |
| • quando eri bambino hai mai inventato una lingua tutta tua? | 9 | 10 | 19 |
| • se, mentre parli un'altra lingua, ti manca qualche parola, cerchi di inventarla? | 11 | 8 | 19 |

*Fonte: indagine Censis*

Tabella 4
*Percezione del proprio atteggiamento linguistico*

| ITEMS | SI | NO | DIPENDE DALLA SITUAZIONE | TOTALE RISPOSTE |
|---|---|---|---|---|
| • temi di essere ridicolo se sbagli mentre parli un'altra lingua? | 3 | 13 | 3 | 19 |
| • è assurdo che l'inglese usi strutture così diverse da quelle italiane? | 1 | 18 | – | 19 |
| • ti blocchi subito se qualcuno ti parla in un'altra lingua e tu non capisci? | 2 | 15 | 2 | 19 |

| ITEMS | SI | NO | DIPENDE DALLA SITUAZIONE | TOTALE RISPOSTE |
|---|---|---|---|---|
| • quando vedi una scritta nella lingua che stai studiando o che hai studiato, ti viene spontaneo: | | | | |
| – leggerla ad alta voce cercando di trovare la pronuncia? | 6 | – | 1 | 7 |
| – ... o a bassa voce cercando di capirne solo il significato? | 11 | – | 1 | 12 |
| • ti capita di ripetere delle frasi in lingua straniera quando sei solo? | 17 | 1 | 1 | 19 |
| • se incontri uno straniero, ti piace far vedere ciò che sai e sei disponibile ad aiutarlo? | 16 | – | 1 | 19 |

*Fonte: indagine Censis*

# Anzitutto, niente ansia

È uno stato di apprensione o di paura indefinito a far calare bruscamente la nostra motivazione e ridurre le nostre attitudini. Quasi in una spirale discendente, la bassa motivazione determina un minor rendimento che a sua volta fa aumentare l'apprensione.

Diverse attività linguistiche possono produrre la cosiddetta "ansia da prestazione". Spesso gli studenti si mostrano ansiosi quando viene loro richiesto di usare la nuova lingua in contesti particolari: brevi relazioni, scenette, test di espressione e di ascolto ecc. Si lasciano bloccare dall'ansia soprattutto gli introversi perché trovano difficile interagire e in qualche modo esibirsi davanti agli altri. Anche gli studenti "visivi" – quelli cioè più portati per la parola scritta o comunque con maggiori capacità visive – si trovano a disagio a parlare senza un supporto scritto.

Ma parlare non è l'unica attività che può determinare uno stato di ansia. Anche scrivere, ascoltare e leggere possono rendere ansiosi: dipende dalle persone e dal loro stile di apprendimento. E allora come si fa a ridurre l'ansia nello studio di una nuova lingua?

Ecco un elenco di suggerimenti utili sia per il lavoro in aula sia per l'apprendimento autogestito.

**1**. *Consapevolezza*. La prima cosa da capire è che più diventiamo consapevoli di come la nostra ansia si manifesta, più saremo in grado di controllarla. A questo scopo, proviamo a identificare i nostri sintomi tra quelli più comuni: sentirsi ridicoli nel pronunciare certi suoni, o essere incapaci di riprodurli anche dopo averli sentiti molte volte; balbettare, agitarsi, toccare nervosamente un oggetto; avvertire una sgradevole tensione muscolare quando si parla.

**2**. *Un clima positivo*. L'ambiente di studio dovrebbe essere incoraggiante, non troppo centrato sulla meticolosa correzione, sull'uso di domande-trabocchetto ecc., quanto sull'invito a esprimersi liberamente anche sbagliando. L'opportunità di sbagliare deve essere garantita a tutti, perché permette di ampliare le proprie conoscenze.

**3**. *Parlare a se stessi*. Affermazioni positive possono aiutarci a riprogrammare la nostra mente sicuramente più di quelle negative. "Ogni giorno faccio progressi nella nuova lingua", "sono felice per ogni nuova parola che imparo", "è stupendo comunicare sempre meglio nella nuova lingua": sono affermazioni che, in forma sia scritta che pensata e immaginata, possono liberarci dall'azione paralizzante di certe frasi che spesso ci ripetiamo senza renderci conto. Frasi "bloccanti" molto comuni sono, per esempio, le seguenti: "Non ce la farò mai", "che figura ho fatto!", "è troppo difficile per me" ecc.

**4**. *Lavorare in gruppo*. Studiare insieme, sottoporsi i rispettivi dubbi, interrogarsi reciprocamente, in una parola collaborare nel corso del processo di apprendimento aumenta la fiducia nella propria capacità di comunicare, permette un valido riscontro e offre un sostegno per progredire.

**5**. *Tenere un diario*. Può anche rivelarsi utile annotare liberamente le paure e le difficoltà che si incontrano nell'uso della nuova lingua o appuntarsi in una tabella i progressi fatti. Un suggerimento pratico su come procedere. Su un foglio diviso in cinque parti segniamo: 1. "che cosa" abbiamo fatto (per esempio: ascolto di cassette, svolgimento di esercizi, letture ecc.); 2. "quando" (la data in cui abbiamo svolto queste attività); 3. "perché" (per esercitare la pronuncia, per migliorare l'ascolto e la comprensione, per ripassare la grammatica, per imparare nuovi vocaboli ecc.); 4. "come" (ascoltando, ripetendo, scrivendo più volte ecc.); 5. "note" (indicare quanto resta ancora da capire o i dubbi, quanto è stato memorizzato, ma anche impressioni, cose da chiarire, curiosità da soddisfare ecc.). O anche: 1. data; 2. esercizio svolto, 3. contenuto; 4. risultato nell'apprendimento (segnando una percentuale, per esempio 50%, 80%); 5. commento (cosa fare: chiedere all'insegnante, rifare gli esercizi, risentire brani di cassette ecc.).

**6**. *Riconoscimenti*. Ogni studente dovrebbe trovare il proprio metodo di autogratificazione. Darsi una ricompensa per ogni piccolo successo conseguito significa "allearsi" con il proprio inconscio per progredire. A volte anche solo una semplice espressione di incoraggiamento, come "bravo!", o una piccola concessione, come una breve pausa o una meritata merenda, possono fare miracoli.

**7**. *Contratto comportamentale*. Chi decide di frequentare un corso per apprendere una nuova lingua dovrebbe stabilire insieme all'insegnante il rendimento atteso nelle varie tappe. In questo modo si avrà sempre la sensazione di procedere verso un obbiettivo e lo studente saprà, in ogni momento, cosa deve fare e come farlo.

**8**. *Rilassamento*. Esistono delle tecniche psicofisiche efficaci per combattere la tensione muscolare. Per esempio, visualizzare paesaggi o ambienti particolarmente suggestivi e rilassanti può indurre un senso di calma e di benessere. Il rilassamento è del resto una condizione che facilita ogni fase dello studio, come ha dimostrato Georgy Lozanov con il suo approccio suggestopedico all'apprendimento linguistico (vedi il paragrafo "La suggestopedia" nel capitolo "I metodi psicologici").

**9**. *Gruppi di supporto per lo studente*. All'estero i *self-access center*, in Italia i club linguistici offrono, a chi deve esercitarsi in una nuova lingua, possibilità di socializzazione con persone di lingue diverse, oltre che l'utilizzo di vari supporti audiovisivi. Insomma, delle ottime occasioni per "mettere in pratica" la lingua, arricchire il vocabolario, comunicare: tutti trucchi utili per descolarizzare l'apprendimento linguistico e renderlo meno ansiogeno e più naturale.

# Impariamo a sviluppare l'autostima

"Mi sento ridicolo, nel mettermi sui banchi di scuola, nell'imitare i suoni di una nuova lingua: mi sento stupido e goffo se sbaglio..." "Mi sento soddisfatto di quanto sono riuscito a fare e sono certo che continuerò a fare sempre meglio..."

Locuzioni come le precedenti costituiscono giudizi di valore basati su sentimenti di efficacia, cioè sulla sensazione di interagire efficacemente con il proprio ambiente. Si tratta di percezioni di autostima che vanno rese coscienti. Influenzano infatti sia la motivazione sia le attitudini; e queste ultime, a loro volta, influiscono sull'autostima.

L'autostima è un tratto della personalità che si sviluppa verso gli otto anni. Si basa su due fattori: l'autopercezione di essere competenti in varie aree (per esempio scolastiche, sportive, di interazione sociale, di apparenza fisica, di comportamento...); la personale valutazione dell'importanza di ognuna di queste aree. Per esempio: se lo studente sta facendo progressi nello sport e considera l'abilità atletica importante, allora l'autostima globale aumenta. Se invece un altro studente è una frana nello sport, ma non ritiene questa abilità importante per lui, manterrà una globale autostima, nonostante gli insuccessi sportivi. Diverso è invece il caso dello studente che colleziona insuccessi in un'area che lui considera significativa.

Gli psicologi parlano anche di un'autostima legata a singole situazioni. Una persona può sentirsi globalmente bene, ma contemporaneamente sperimentare una bassa autostima in circostanze o ambienti particolari, per esempio in una classe dove il metodo di insegnamento induce un maggior stress o tende a colpevolizzare gli errori.

Occorre quindi chiedersi qual è il fatto, la situazione, il compito, l'abilità ritenuti importanti in una determinata situazione. Per esempio, l'autostima può calare quando lo studente non va bene nello scritto, se questo è considerato decisivo per progredire. Se invece non è considerato tale, il senso di autostima nella situazione scolastica non verrà meno, nonostante le difficoltà nello scritto.

Un modo per incrementare la fiducia nelle proprie capacità linguistiche è comunque quello di porsi sempre degli obbiettivi ragionevoli: spesso infatti non siamo realistici nel fissare i tempi e i risultati che ci prefiggiamo di raggiungere.

# Affrontiamo lo smarrimento di una nuova lingua

È stato notato che quanti sono in grado di tollerare un moderato grado di incertezza hanno maggiori probabilità di progredire nell'apprendimento linguistico. A desistere è per lo più chi si lascia sopraffare dal senso di smarrimento che lo studio di un'altra lingua comporta. Apprendere significa infatti cambiare gli schemi di pensiero consolidati e non tutti sono ugualmente disposti a farlo.

Indovinare il significato di una parola o parlare commettendo degli errori sono situazioni in cui ci si trova spesso quando si sta imparando una nuova lingua. Gli studenti che temono l'incertezza spesso si bloccano per l'emozione: è il timore di essere criticati a indurre questa paralisi emotiva. Per ovviare a questo inconveniente lo studente cerca allora di rischiare il meno possibile, così evita di sottoporre ad attacchi la sua corazza difensiva.

Ma la pratica comunicativa di una lingua comporta necessariamente dei rischi. Per esempio, nella conversazione occorre in certe occasioni buttarsi allo sbaraglio: parafrasare, lasciarsi suggerire il termine appropriato, continuare a parlare nonostante non si ricordi una certa parola, aiutarsi con il linguaggio dei gesti, indovinare significati.

È quindi indispensabile conoscere le strategie adatte per far fronte a questi momenti critici.

# Dalle abilità di studio alle strategie per apprendere

Le abilità di studio sono spesso viste come una serie di tecniche utilizzabili da chiunque. Sembrano la risposta ai problemi dell'apprendimento linguistico, indipendentemente da chi le usa, dove, quando e perché. Lucio Mariani, esperto di glottodidattica, fa notare che le abilità tendono a venire confuse con compiti ben precisi: scrivere una relazione, completare un diagramma, trovare una parola nel dizionario; insomma, l'accento viene messo più sul risultato che non sull'attività stessa.

Imparare a studiare significa acquisire conoscenze e sviluppare competenze. Ma bisogna fare un passo avanti e riconoscere che si tratta, in ambedue i casi, di operazioni cognitive. Questo è evidente con abilità quali studiare un libro, prendere nota, sintetizzare ecc. Ma, fa notare Mariani, le abilità non sono veramente apprese finché non si trasformano in abitudini di studio, finché cioè non vengono mantenute, utilizzate continuamente e integrate nello stile di apprendimento proprio dello studente. Solo in questo modo si possono utilizzare in altri contesti.

Per sviluppare le capacità di studio di una lingua occorre:

- sentire che sono importanti in vista dell'obbiettivo;
- metterle in pratica in contesti diversi;
- mettere in gioco, oltre a fattori cognitivi, anche processi emotivi, sociali;

- capire che le tecniche sono al servizio dello studente e non il contrario;
- incoraggiare l'autonomia di studio: non si tratta di sviluppare una strategia per superare un test o un esame, ma di mettere in grado la gente di formarsi e riformarsi, cioè di cambiare e adattarsi a nuove realtà.

# Strategie per imparare le lingue

Sono le azioni messe in atto dallo studente per rendere l'apprendimento più facile, veloce, divertente, efficace, autonomo e applicabile a nuove situazioni.

I più recenti sviluppi nella glottodidattica non fanno che mettere l'accento su alcuni punti:

- l'apprendimento deve essere gestito dallo studente stesso;
- la funzione dell'insegnante è quella di rendere lo studente consapevole delle proprie strategie e offrirgliene in grande quantità;
- lo studente deve avere l'occasione di sperimentare quale di queste strategie si adatta meglio al proprio stile di apprendimento;
- l'insegnante diventa un facilitatore e un promotore di strategie.

Tali strategie vengono in genere suddivise in vari tipi.

## Strategie cognitive

Induzione/deduzione (arrivare a una regola grammaticale partendo da un esempio o applicare un concetto appreso a un nuovo testo); prendere appunti, sintetizzare; usare la lingua, curando la precisione o la scioltezza nel parlato; imparare a usare gli strumenti didattici a disposizione (come vocabolari o grammatiche); memorizzare o recuperare informazioni, per esempio attraverso associazioni mentali e altri sussidi mnemonici o ricorrendo a tecniche di ripasso.

## Strategie metacognitive

Scoprire il proprio stile di apprendimento: pianificazione cosciente, valutazione del rendimento, elaborazione degli obbiettivi; organizzare tempo, spazio e opportunità di apprendimento.

## Strategie affettive e sociali

Gestire le proprie motivazioni, atteggiamenti, reazioni emotive; per esempio, tenere un diario delle proprie esperienze di apprendimento; condividere sentimenti e idee con compagni e insegnanti; fronteggiare gli imprevisti nell'uso delle lingua straniera.

# Guidiamo la nostra consapevolezza comunicativa

Per imparare una lingua non basta apprendere una strategia che ci consenta di indovinare le parole da mettere in un contesto. Occorre una vera e propria "formazione alla consapevolezza". Joan Rubin, una ricercatrice americana che ha studiato a fondo i meccanismi dell'apprendimento linguistico, ritiene che la crescita di consapevolezza non sia un fatto secondario. Possiamo usare strategie in modo inconscio, ma le ricerche hanno dimostrato che il controllo dei processi di apprendimento è un'abilità che si può imparare.

Gattegno stesso sostiene che l'unica facoltà educabile nell'uomo è proprio la consapevolezza.

Occorre chiedersi:

- cosa so già?
- cosa so fare con la nuova lingua?
- sono consapevole delle difficoltà, abitudini, atteggiamenti, pregiudizi?
- so che fa parte della mia abilità linguistica indovinare il significato delle parole dal contesto; cogliere il senso generale di un discorso dal limitato numero di vocaboli che conosco?

Imparare le lingue richiede insomma un lavoro di presa di coscienza: occorre diventare consapevoli anzitutto del proprio stile di apprendimento.

# Scopriamo il nostro stile di apprendimento

Ognuno di noi ha un proprio modo di imparare che lo differenzia da tutti gli altri. È su questo che bisogna far leva anche per imparare le lingue. L'approccio più innovativo allo studio è quello che mette l'accento prima sulle caratteristiche dello studente e poi sulle strategie, i metodi e gli strumenti.

Gli stili di apprendimento linguistico sono i criteri con cui ognuno di noi affronta spontaneamente lo studio o risolve problemi. Possiamo distinguere quattro gruppi di stili.

## Analitico-globale

Oppone l'interesse per il dettaglio a quello per l'idea generale. Questa differenza tra persona minuziosa e persona olistica (cioè che guarda l'insieme) è molto importante per l'apprendimento linguistico: anche in classe i due tipi di studenti reagiscono in modo diverso.

Gli "studenti analitici" tendono a concentrarsi sui dettagli grammaticali e spesso evitano le attività di libera comunicazione. Notano subito le differenze tra le lingue, le regole da imparare, le caratteristiche delle parole e delle frasi; proprio a causa della loro mania del dettaglio si rifiutano di improvvisare, usare sinonimi o parafrasi quando non conoscono un certo termine. Preferiscono cercare l'informazione corretta piuttosto di accontentarsi di una comunicazione generica.

Gli "studenti globali" invece amano i momenti di comunicazione nei quali possono esprimere l'idea principale. Trovano faticoso lo studio della grammatica, evitano il più possibile l'analisi di parole, frasi e regole. Questi studenti si divertono a indovinare il significato di una parola letta o sentita, a usare sinonimi o parafrasi se incappano in un termine che blocca il discorso o lo scritto.

## Preferenze sensoriali

Riguardano i canali fisici e percettivi preferiti dagli studenti: visivi, uditivi, cinestesici ecc.

Agli studenti "visivi" piace leggere e lasciarsi prendere dalle stimolazioni visive. Fanno invece fatica a seguire lezioni e conversazioni senza un supporto figurativo.

Gli studenti "uditivi" invece si trovano bene in assenza di stimoli visivi e quindi preferiscono le lezioni in cui si parla molto insieme e si fanno esercizi verbali. Sono entusiasti nel partecipare a *role-playing* in classe, mentre hanno difficoltà nei compiti scritti.

Gli studenti "cinestesici", infine, amano il movimento e si divertono a lavorare con oggetti concreti, fare collage, scrivere su cartoncini. Soffrono a stare troppo tempo alla scrivania; preferiscono interrompersi di frequente per farsi magari un giro nella stanza.

## Intuitivi e sequenziali

I primi pensano in astratto, senza un ordine definito. Senza nemmeno rendersene conto, sono in grado di cogliere immediatamente il funzionamento di una nuova lingua. Si annoiano nel sottostare a un apprendimento graduale e spesso preferiscono bruciare le tappe.

All'opposto, i sequenziali affrontano i problemi uno alla volta, in modo strutturato. Quello che conta per loro non sono i principi, ma i compiti da svolgere prima di passare ad altre attività. Sono spesso lenti ma costanti, avanzano secondo il loro ritmo ma raggiungono comunque gli obbiettivi prefissati. Odiano l'improvvisazione e la leggerezza nei piani di studio.

## Con tendenza alla chiusura

Si tratta di un comportamento legato alla capacità di tollerare l'incertezza e probabilmente associato alla flessibilità di stile.

Gli studenti tendenzialmente chiusi mostrano un forte bisogno di far luce su tutti gli aspetti della lingua. Desiderano che siano ben chiare sia le linee-guida per le lezioni, sia le regole grammaticali. Prima di essere coinvolti in attività di conversazione e giochi, abbisognano di un adeguato periodo di tempo per preparare la loro lista di vocaboli e conoscere le regole da applicare.

Quelli tendenti alla chiusura sono in genere studenti seri, pronti a lavorare duramente, che sanno programmarsi, organizzarsi e autovalutarsi. Amano poter esercitare una sorta di controllo tanto nell'apprendimento quanto nella vita.

All'opposto degli introversi si situano i cosiddetti studenti "aperti". Questi ultimi prendono meno seriamente lo studio linguistico: per loro è più un gioco che non un impegno. Trascurano le scadenze, se la spassano in classe, imparano assorbendo dagli altri piuttosto che impegnandosi duramente. Per il loro atteggiamento rilassato si trovano meglio nello sviluppo della lingua parlata. Essendo aperti a ogni novità, viene loro più facile chiedere continuamente il senso delle parole.

La loro apertura si rivela proficua quando è richiesta flessibilità e sviluppo di una certa fluenza di linguaggio; meno funzionale, invece, quando le lezioni in classe sono molto strutturate in senso tradizionale.

## *Qual è il tuo stile di apprendimento?*

Ecco una *check-list* per scoprirlo. (Indica con un + la tua risposta.)

| | SEMPRE | TALVOLTA | MAI | NON SO |
|---|---|---|---|---|
| 1. Ottieni buoni risultati nella grammatica? | | | | |
| 2. Ricordi facilmente le parole nuove? | | | | |
| 3. Ti imbarazza commettere degli errori? | | | | |
| 4. In classe ti irrita se gli errori non vengono corretti? | | | | |
| 5. La tua pronuncia è migliore quando leggi rispetto a quando parli con qualcuno? | | | | |
| 6. Vorresti avere maggior tempo per pensare prima di parlare? | | | | |
| 7. Ti piace stare in classe? | | | | |
| 8. Trovi difficile cogliere più di due, tre parole di una nuova lingua quando sei in vacanza all'estero? | | | | |
| 9. Ti piace imparare nuove regole grammaticali, vocaboli ecc. a memoria? | | | | |

Come calcolare il punteggio:

3 punti per ogni "sempre"
2 punti per ogni "talvolta"
1 punto per ogni "mai"
0 punti per ogni "non so"

PUNTEGGIO TOTALE:

...

...

A questo punto leggi il commento relativo al punteggio che hai conseguito.

*Punteggio 23-27: "Analitico"?*

Per te è molto importante essere il più possibile preciso, sempre. Forse preferisci il tipo di apprendimento linguistico che ti chiede di pensare attentamente: per esempio, fare esercizi di grammatica, elaborare il significato delle parole, esercitare la pronuncia. Questo è probabilmente il metodo di apprendimento che tu preferisci seguire sia in classe sia quando studi da solo. Puoi migliorare seguendo alcuni consigli.

*Consigli*

Potresti aumentare la fluidità di linguaggio nei seguenti modi:

- Cerca di parlare di più nella lingua che stai imparando con amici, turisti ecc.
- Non preoccuparti troppo dei tuoi errori. Sforzarsi di essere sempre corretti richiede un impegno eccessivo e può bloccarti nella comunicazione. E poiché sbagliare rappresenta un momento importante del processo di apprendimento, non cercare di correggerti sempre e subito. Ricordati che le persone con cui parli non sono lì tese a cogliere i tuoi errori ma a comprendere quanto cerchi di dire. Solo dopo aver parlato, puoi ricordare gli errori: è il momento buono per annotarteli e cercare di migliorare.
- Devi essere più autonomo. Fuori della classe non sempre puoi trovare il dizionario o l'insegnante. Non avere paura di procedere da solo: forse sai più di quanto tu stesso creda.

*Punteggio 9-13: "Rilassato"?*

Sembra che tu collezioni lingue senza eccessivo sforzo e in genere ti piace comunicare con la gente. Talvolta vorresti imparare più grammatica, ma forse la cosa non ti diverte abbastanza e così perdi facilmente l'interesse.

*Consigli*

- Cerca di trovare più tempo per imparare: riflettere e applicare regole grammaticali, fare attenzione alla pronuncia ecc.

...

...

Cerca di essere più metodico nell'organizzare il tempo dedicato allo studio.

- Dovresti essere più autocritico: forse devi correggerti di più. Non preoccuparti degli errori che fai ma annotali: più ne diventerai consapevole e più facilmente li correggerai.

*Punteggio 14-22: "Un misto"?*

Potresti concludere che non appartieni né all'una né all'altra delle due categorie. Molti sono così e imparano in modi diversi e in tempi diversi, a seconda delle situazioni e di ciò che stanno facendo.

*Consigli*

- Leggendo le due precedenti descrizioni tipologiche ("Analitico" e "Rilassato") puoi scoprire di essere più vicino alla prima piuttosto che alla seconda. Questo ti può dare qualche indicazione su quale area migliorare. Se non sai decidere ora, prova a rifare il quiz tra qualche mese.

*Punteggio 0-8 punti: "Incerto"?*

Non significa che tu non sia bravo ad apprendere. Forse è la prima volta che stai riflettendo sul tuo modo di studiare. Saperne di più può esserti di aiuto per rendere più efficace il tuo studio.

*Consigli*

- Leggi le precedenti descrizioni: puoi trovarvi qualcosa di utile. Mentre stai studiando, poi, cerca di renderti conto del tuo personale metodo di apprendimento per scoprire i tuoi punti deboli e porvi rimedio.

# Un expo di strategie

Prima di scegliere le strategie e gli strumenti per imparare una lingua (corso, materiali per l'autoapprendimento ecc.) è utile chiarire gli scopi a cui essa ci serve. In particolare dovremmo evidenziare:

- il motivo più forte che ci spinge a studiarla;
- l'elenco delle situazioni specifiche in cui ci viene richiesto di usarla. Per esempio, parlare al telefono, fornire informazioni, scrivere lettere commerciali o d'affari ecc.;
- le abilità di cui abbiamo bisogno in ogni situazione: ampliare il vocabolario, approfondire lo studio della grammatica, ascoltare, parlare, leggere e scrivere.

L'ideale è poi stabilire delle priorità.

**Strategie per imparare**

Per quanto riguarda gli accorgimenti, gli espedienti, i trucchi per aumentare il rendimento nello studio, ognuno di noi ha i propri. Per esempio: ripetere a fior di labbra una parola nuova o trovare un'associazione mentale per ricordarla, immaginarsi di ripeterla a qualcuno, scriverla, raffigurarla.

Le strategie sono azioni che riflettono il nostro fondamentale stile di apprendimento. Importantissime per imparare una lingua, forniscono strumenti per coinvolgersi nello studio e guidarlo; facilitano i progressi; aumentano la fiducia in se stessi.

Gli studenti più avveduti sanno scegliere strategie che si integrano fra loro in modo armonico, per rispondere a compiti precisi. Quelli meno accorti possono usare le stesse, con uguale frequenza, ma senza un attento dosaggio e un adattamento agli scopi. Il segreto invece sta proprio nella scelta del mix ottimale che tiene conto sia dello stile di apprendimento che del tipo di obbiettivo che si intende raggiungere.

La ricercatrice statunitense Rebecca Oxford, nel suo libro *Language learning strategies*, ha individuato sei tipologie di strategie per l'apprendimento linguistico.

**1**. *Strategie metacognitive* (strategie per pianificare e valutare), come: dirigere l'attenzione, ricercare occasioni per fare pratica, pianificare compiti linguistici, autovalutare i propri progressi, controllare gli errori.

**2**. *Strategie emotivo-motivazionali* (strategie affettive), come: ridurre l'ansia, autoincoraggiarsi e autogratificarsi.

**3**. *Strategie sociali*, come: fare domande, dialogare nella lingua di studio, diventare consapevoli delle differenze culturali.

**4**. *Strategie mnemoniche*, come: raggruppare, visualizzare, mettere in rima, ripassare in modo strutturato.

**5**. *Strategie cognitive*, come: razionalizzare, analizzare.

**6**. *Strategie di compensazione* (per ovviare ai limiti nelle conoscenze), come: indovinare significati dal contesto di lettura e dall'ascolto; usare sinonimi e ricorrere al linguaggio gestuale per esprimere un significato, quando non viene in mente l'espressione esatta.

Per facilitare l'apprendimento, per renderlo più veloce, efficace e divertente, possiamo comunque anche trovare nuove strategie e usarle in modo più consapevole. Lo scopo è sviluppare le principali abilità linguistiche.

# Strategie per ampliare il vocabolario

Quando si impara una lingua due sono le cose che servono: parole e regole per collegarle. Semplice no? Come dire che la Tour Eiffel è un insieme di ferri, bulloni e spazio. Resta il duro lavoro della costruzione.

Quante parole bisogna conoscere per poter utilizzare una nuova lingua? Dipende da cosa si vuole esprimere e capire con essa. Per fare qualche giro turistico e cavarsela nelle situazioni più comuni, forse ne bastano duecento. Per portare avanti una conversazioni su argomenti generali, ne occorrono duemila. Per affrontare argomenti più approfonditi o per leggere un quotidiano, un minimo di cinquemila.

Ma non è un problema di numeri. A ogni livello l'importante è riuscire a comunicare con le parole che si conoscono.

Il modo tradizionale di imparare parole nuove è scriverle su un foglio diviso a metà: da una parte le parole straniere, dall'altra le corrispondenti italiane. Si leggono più volte e poi ci si mette alla prova. Si copre una parte del foglio, si legge la parola straniera e si cerca di ricordarne la traduzione italiana. Si controlla. Se abbiamo sbagliato dobbiamo rileggere e memorizzare meglio, finché gli errori non cominciano a diminuire.

L'espediente dell'elenco ha un difetto: lascia un margine per barare. Spesso si conosce il significato della parola non perché si ricorda la traduzione, ma perché si ricorda la parola seguente. Se si cambia la sequenza delle parole spesso non le ricordiamo più.

## *Cartoncini-parole*

Graham Fuller, un docente americano che parla sedici lingue (compreso il persiano, il giapponese, il turco, il cinese, l'arabo, il greco, il russo e l'esperanto) consiglia di ricorrere all'accorgimento dei cartoncini, in luogo dell'elenco, per imparare nuove parole. Servono piccole schede di cartone di una misura standard, per esempio 5 x 10 centimetri, o del formato dei biglietti da visita. Da un lato si scrive la parola straniera, dall'altro la corrispondente italiana. Meglio non comprare quelle già stampate: spesso non contengono le parole che ci servono. Ogni volta che troviamo una parola da memorizzare (durante una lezione, una lettura) dobbiamo annotarla su uno dei cartoncini, e poi esercitarci a ricordarla.

Molti consigliano di scrivere la parola nel contesto di una breve frase: si memorizza più facilmente e si apprende a usarla in contesti simili.

Ma quali sono i vantaggi del metodo dei cartoncini-parole?

Possiamo mescolare l'ordine delle carte per evitare di ricordare il significato di un termine in base alla sequenza in cui appare.

Man mano che procediamo nell'imparare, possiamo togliere dal mazzo le parole memorizzate e concentrare così i nostri sforzi su un numero minore di vocaboli; in questo modo, ci sentiremo anche gratificati dal veder diminuire il numero di cartoncini. Uscendo di casa, al mattino, potremo portare con noi il pacchetto di cartoncini e rileggerli nei momenti buchi della giornata: aspettando l'ascensore, alla fermata dell'autobus, in coda agli sportelli della banca o dell'ufficio postale, al ristorante prima di essere serviti, in sala d'attesa dal dentista, in treno ecc. E più diminuisce il numero delle parole rimaste, più ci sentiremo bravi e ci verrà voglia di progredire.

# Strategie per sviluppare l'ascolto

L'ascolto rappresenta un momento essenziale nell'apprendimento di una lingua. È stato definito come il processo di ricevere, cogliere e dare senso agli stimoli orali. Non si esaurisce solo nella percezione dei suoni, anche se questa fase resta fondamentale, ma richiede comprensione del significato.

La capacità di ascoltare, piuttosto trascurata rispetto a quelle di leggere, parlare e scrivere, è tuttavia quella che dà forma al pensiero e genera conoscenza. Finora è stata valorizzata nella sua funzione di "sussidio al parlare" più che in quella di "sussidio al capire".

Gli studenti vengono in genere intrappolati in un monotono schema di "ascolta e ripeti", "ascolta e rispondi", "ascolta e traduci", in cui il momento dell'ascolto viene sempre concepito in funzione di qualche altra abilità. Certo, è vero che l'ascolto è connesso con altre competenze linguistiche e soprattutto con il parlare, ma spesso l'accento su questo legame ha impedito di insegnare "come" si ascolta.

Questa capacità, secondo alcuni linguisti, non sembra richiedere alcuna preparazione: è un fenomeno di osmosi, un passaggio di suoni tra una persona emittente e una ricevente. Ma per comprendere non è sufficiente un semplice scambio sonoro: occorrono alcune strategie.

## Scopriamo il senso

Per imparare ad ascoltare occorre soprattutto sviluppare una attitudine precisa: quella di cogliere tutti gli indizi utili a indovinare il senso di espressioni sconosciute. Dobbiamo farlo nel modo più diligente possibile. Durante la fase dell'ascolto, il significato non deriva dalla somma di suoni separati, sillabe giustapposte, parole o frasi staccate l'una dall'altra. È bensì il risultato di un doppio processo: un'escursione continua dal particolare al generale e viceversa. Si comprende cioè grazie alla capacità di elaborare l'insieme di indizi che compaiono nel contesto e la conoscenza che già abbiamo dell'argomento trattato.

Dunque, non dobbiamo lasciarci prendere dall'ansia di capire tutte le parole di un discorso nella lingua straniera che stiamo studiando. Arguendo dal contesto e intuendo il seguito, siamo come dei detective che formulano delle ipotesi: nel corso della comunicazione dobbiamo a volte correggerle, passare velocemente ad altre seguendo nuovi indizi; in altri termini, dobbiamo guidare la nostra comprensione.

Gli indizi linguistici variano in ogni lingua e sono in genere costituiti da prefissi, suffissi, ordine delle parole.

Per esempio, con l'inglese dovremo fare molta attenzione al suono *s* che segnala la terza persona del verbo al presente e il plurale dei nomi; o alla *d* di *should* che segnala il condizionale, o alla *l* di *will* che è la spia del futuro.

In arabo, invece, è il variare dei prefissi a segnalarci il tempo presente, o meglio l'aspetto imperfetto del verbo: *àfhalu* (io faccio), *tàfhalu* (tu fai, maschile), *tàfhlina* (tu fai, femminile), *jàfhalu* (lui fa), *tàfhalu* (lei fa). Mentre sono i suffissi a indicarci il passato: *fahàltu* (io feci), *fahàlta* (tu facesti, maschile), *fahàlti* (tu facesti, femminile), *fahàla* (lui fece), *fahalàt* (lei fece).

Nel cinese, lingua formata di monosillabi invariabili pronunciati in quattro tonalità diverse, è l'ordine delle parole a guidarci verso il senso: il soggetto occupa il primo posto, il verbo il secondo e il terzo il complemento. Così, *wo ai ni* significa "io amo te". Le parole cioè non si modificano a seconda del numero o della persona, come avviene per esempio nell'italiano, nel francese e nel tedesco. Non cambiano neppure, quindi, se sono soggetto o oggetto della frase, tant'è vero che per dire "tu mi ami" basta cambiare il posto del soggetto e dell'oggetto della frase precedente: *ni ai wo*.

Nel giapponese avviene invece il contrario: le parti della frase sono indicate da distinte particelle: *wa* per il soggetto, *o* per il complemento oggetto, *no* per il complemento di possesso e così via.

Nel russo, lingua sintetica come il latino, priva di articoli e basata sulle declinazione di sostantivi e aggettivi, gli indicatori sono i casi. Proprio su questi dovremo concentrare l'attenzione, oltre che su alcune insidiose preposizioni monoconsonantiche quali *k, c, b*.

Tuttavia, dobbiamo diventare abili anche nel cogliere i segnali non linguistici: il senso di una frase si può capire dall'espressione del viso, dai gesti, dal tono della voce dell'interlocutore o dai rumori dell'ambiente circostante.

## *Quanto riusciamo a capire?*

### *Parole isolate*

Ascoltando qualcuno che parla in lingua straniera, o un nastro registrato, esercitiamoci a individuare le parole che abbiamo imparato: a buon intenditore ne bastano poche per farsi un'idea del contesto. Per esempio, se uno studente di inglese riesce a cogliere, in una conversazione, parole isolate come *worry, exam, going,* potrebbe supporre che si sta parlando di qualcuno "preoccupato" perché deve "andare" a un "esame". Sforziamoci comunque di cogliere non solo le parole accentate, ma anche quelle che nella pronuncia le seguono o le precedono.

### *Intere frasi*

Ci sono formule di saluto, di presentazione o di richiesta caratteristiche in ogni lingua e quindi molto usate (per esempio *How are you*, in inglese; *comment ça va*, in francese; *wie geht's*, in tedesco; *kak vy pajivàitie*, in russo; *kàif hàluk*, in arabo e così via). Abituiamoci a prestare un'attenzione attiva a queste locu-

...

...

zioni ed esercitiamoci a completarle. Anche questo ci aiuta ad aumentare la fiducia nelle nostre capacità di comunicazione, a sviluppare maggiore fluenza e a mantenere alto il coinvolgimento nella lingua.

*Espressioni e domande*

Alleniamoci a prestare attenzione alle frasi idiomatiche e a indovinare il loro senso dal contesto.

*Interi discorsi*

Bisogna abituarsi a cogliere il senso anche di produzioni orali più strutturate: una lettura, un discorso, una presentazione, una breve conferenza. L'abile ascoltatore sa individuare il registro di una comunicazione orale: accademico, formale, giornalistico, familiare, informale ecc. Quando si è a conoscenza dello scopo della comunicazione si è in grado di capire meglio. Qui entra in gioco la memoria: più è lungo il discorso e più bisogna ricordare la parte precedente per seguire l'intero fluire del significato.

## *Esaminiamo la nostra comprensione d'ascolto*

È importante scoprire i fattori che aiutano o ostacolano la comprensione. Dopo avere ascoltato un nastro registrato nella lingua che stiamo studiando, una conversazione dal vivo o una telefonata, controlliamo quanto abbiamo capito rispondendo a queste domande:

**1**. Chi ho ascoltato?
Parlava troppo in fretta per me?
La pronuncia mi era familiare o no?

**2**. Di quale argomento si trattava?
Ne sapevo già qualcosa o no?
Era un soggetto di mio interesse?
Quanto conoscevo delle parole usate?

...

**3**. In quale situazione mi trovavo?
Potevo vedere chi parlava?
Potevo rivolgermi all'interlocutore?
C'erano altre persone che stavano parlando nello stesso momento?
C'erano molti interlocutori con una voce simile?
C'erano rumori di sottofondo o interferenze?

**4**. Qual è stato il mio atteggiamento?
Mi era chiaro il motivo per cui ascoltavo?
Ho fatto uso di strategie di ascolto?
Come mi sentivo: nervoso, impaziente, scoraggiato, o incuriosito, annoiato, confuso?

# Strategie per parlare

Per chi sta imparando una nuova lingua, è essenziale crearsi il maggior numero di occasioni per parlarla. Solo così mettiamo alla prova anche le altre abilità: la competenza grammaticale (grammatica, vocabolario, pronuncia), la competenza sociolinguistica (saper scusarsi, complimentarsi, variare il discorso a seconda degli obbiettivi, del tipo di interlocutori ecc.), la competenza nella conversazione (sapere come iniziarla, come mantenerla, come concluderla, come e quando lasciar parlare l'altro o chiedere il suo intervento ecc.).

Sono molte le occasioni che possono venirci in aiuto per sviluppare queste capacità, e in particolare: incontri con madrelingua o con chi ha fatto progressi nell'impararla; attività che favoriscono la scioltezza e la precisione del linguaggio; conoscenza di adeguate strategie da usare parlando.

## *Frequentare persone di madrelingua*

Dobbiamo procurarci il maggior numero di momenti per parlare nella lingua che stiamo studiando. Oltre agli insegnanti e ai compagni di classe, se frequentiamo un corso, possiamo incontrare persone nei centri culturali dei vari Paesi con sedi in Italia; frequentando ristoranti, librerie straniere, club linguistici; andando a vedere film in lingua originale. Inoltre, rivolgendoci a Camere di commercio, consolati e ambasciate possiamo venire a conoscenza di iniziative, feste, convegni, conferenze dove è più facile l'incontro con madrelingua (vedi, in Appendice, una serie di indicazioni utili).

### *Compiere esercizi per sciogliere e precisare la lingua*

Se la pratica della conversazione può favorire la fluidità nell'uso della lingua, non è così automatico che ne assicuri anche la precisione e l'esattezza.

Per verificare la nostra padronanza della grammatica possiamo registrare su un nastro le nostre conversazioni nella lingua straniera. E poi facciamo attenzione ai seguenti aspetti:

- quali sono i nostri punti forti e punti deboli quando parliamo?
- qual è il nostro grado di soddisfazione per come parliamo?
- qual è lo scopo per cui vogliamo parlare la lingua?

### *Ricorrere alle strategie specifiche per esprimersi*

Come abbiamo visto, è importante conoscere gli accorgimenti utili per gestire una conversazione. A volte basta una parola sconosciuta o incomprensibile per bloccarci in un colloquio telefonico o in una discussione con qualcuno che ci è di fronte. Esistono, tuttavia, dei piccoli espedienti per uscire da situazioni di disagio, ma anche per chiedere spiegazioni, per invitare l'altro a parlare più lentamente, per esprimere disappunto, per cambiare argomento, per guadagnare tempo quando non si sa cosa dire ecc.

Ecco, nei seguenti riquadri, alcune delle strategie più utili applicate all'inglese.

## *Valutiamo il nostro parlare*

- Vocabolario.
  - Ho usato i termini giusti?
  - Ho usato parole troppo generiche o quelle specifiche richieste dalla specificità dell'argomento?
- Grammatica.
  - Ho usato i tempi giusti?
  - Ho usato correttamente le preposizioni?

...

...

- Stile.
  - Era formale o informale?
- Pronuncia.
  - Quali suoni mi creano problemi?
- Accenti.
  - Ho accentato le parole nel modo corretto?
- Intonazione.
  - Come mi sono espresso: educatamente, amichevolmente, con aggressività, con troppa esitazione?
- Significato.
  - Ho espresso in modo abbastanza chiaro quanto intendevo dire?
  - Sono stato troppo incerto?
  - Ho parlato troppo lentamente e in modo stentato o difficile?

## *Come non bloccarsi per una parola*

Se siamo in un negozio e non ricordiamo il nome dell'oggetto che vogliamo acquistare, possiamo cavarcela in tanti modi:

- dire a cosa serve;
- spiegare a cosa assomiglia e di che cosa è fatto;
- usare un termine che si avvicina nel significato;
- inventare una parola o un'espressione nuova.

## *Che cosa dire (in inglese) per prendere tempo*

- Ripetere la parola o la domanda incomprensibile.
- *Ah, yes, now...*
- *Well, actually...*
- *That's a very interesting question...*
- *... and it's one I've been thinking about for some time...*
- *You see.*
- *It's like this...*
- *How shall I put it...?*
- *Well, as far as I can see...*
- *To my mind.*

## *Che cosa dire (in inglese) per riprendere la conversazione*

- *What I want to say is...*
- *Well, as you may know...*
- *One thing that I want to mention is...*
- *You know, it's interesting that...*
- *Well, I don't really know, but...*
- *It's interesting that you should ask that.*
- *You know, I was thinking about that earlier.*

## *Che cosa dire (in inglese) per esprimere un'opinione diversa*

- *I can see your point, but...*
- *I think you've missed one important fact which is...*
- *Yes, but on the other hand...*
- *I really wouldn't put it that way because...*
- *I'm not sure why you believe ...*

## *Che cosa dire (in inglese) per accentuare le parti di un discorso*

- Per separare i concetti:
  *Well, okay, now, and, right, all right...*
- Per indicare relazioni di tempo:
  *At that time, after this, for the moment...*
- Per indicare la causa:
  *So, then, because...*
- Per indicare contrasto:
  *Both, but, only, on the other hand...*
- Per sottolineare un elemento del discorso:
  *Of course, you can see, you see, obviously, as you know, in fact...*

## *Che cosa dire (in inglese) quando non si sa cosa dire*

- *Em..., er..., erm..., um..., well..., you know..., I mean, well but...*

## *Che cosa dire (in inglese) per attirare l'attenzione*

- *You see what I mean?*
- *Did you hear me?*
- *Do you follow me?*

# Strategie per la lettura

Saper leggere è l'altra abilità fondamentale da sviluppare quando si impara una nuova lingua. Leggere, naturalmente, significa dare senso ai segni scritti o stampati, trarne informazioni, costruire interpretazioni.

Anche in questo caso, come per ascoltare e parlare, sono implicate varie competenze.

La grammatica, anzitutto. Ci sono lingue per noi più facili o più difficili in relazione all'alfabeto in cui sono scritte. Quello latino che usiamo ci facilita nella lettura delle principali lingue europee. Qualche difficoltà potremmo averla con l'alfabeto cirillico, ma in realtà è sufficiente qualche ora per cogliere le differenze di pronuncia e di scrittura tra le lettere, e per imparare la loro grafia. Qualche problema in più lo presenta l'arabo, una lingua semitica che si scrive e si legge da destra a sinistra; con le consonanti che assumono una forma diversa a seconda che si trovino all'inizio, in mezzo o alla fine della parola, e normalmente senza indicazioni grafiche per la lettura delle vocali (rappresentate, solo nei testi scolastici, con uno o due puntini sopra o sotto le lettere).

Lo scoglio maggiore è tuttavia costituito dalla scrittura ideografica del cinese: poco più di quattrocento sillabe possibili, ognuna da pronunciare in quattro tonalità diverse.

Altrettanto affascinante è leggere la scrittura ideografico-fonetica del giapponese, con i suoi sillabari katakana e hiragana, ognuno di una cinquantina di segni (vedi il capitolo "Quali lingue imparare").

Come per l'ascolto, la lettura richiede una serie di strategie per indovinare il senso sulla base degli indizi. Questi possono venire dal contesto della frase o del paragrafo; dal bagaglio di conoscenze che il lettore ha sull'argomento; dal contenuto; da quanto è stato scritto in precedenza o da quanto è scritto in seguito.

Insomma, non possiamo comprendere qualcosa se non abbiamo una schema di conoscenze con cui interpretare quanto stiamo leggendo. Il processo di comprensione di un testo comporta infatti l'assimilazione di nuove conoscenze all'interno di quelle che già abbiamo.

In questo processo gioca un ruolo importante anche la memoria che qualche volta non può agire efficacemente se viene ostacolata la comprensione.

Le ricerche condotte negli ultimi dieci anni hanno dimostrato che i lettori eccellenti presentano le seguenti caratteristiche:

- leggono molto;
- integrano proficuamente le informazioni del testo con quelle già in loro possesso, lasciandole interagire per produrre un senso;
- sono flessibili: il loro modo di leggere dipende dalla complessità del testo, dalla familiarità con l'argomento e dallo scopo nella lettura;
- sono motivati: la motivazione è centrale nella lettura;
- utilizzano contemporaneamente diverse capacità: percettive, fonetiche, mnemoniche di vario tipo (grammaticali, lessicali e discorsive);
- leggono selezionando le pubblicazioni a seconda dell'obbiettivo da raggiungere, come per esempio il divertimento (racconti, romanzi), l'informazione (manuali) ecc.

Per sviluppare la capacità di lettura dobbiamo anzitutto scegliere il materiale più adatto alle nostre esigenze e al nostro livello di conoscenza della lingua.

Dobbiamo quindi migliorarne la comprensione ricorrendo a strategie specifiche di lettura.

## Materiali di lettura

Vanno scelti in base al livello di conoscenza della lingua e in base agli scopi per cui si sta studiando. L'importante è che siano testi autentici, legati alla comunicazione di tutti i giorni: quotidiani, riviste, libri, slogan, menù, indicazioni stradali, istruzioni per l'uso, cataloghi, guide.

Secondo recenti studi la lettura è un supporto a molte abilità: ci trasforma in buoni lettori, in bravi scrittori e in validi parlatori. Ecco perché dobbiamo disporre di molti libri e di molti stimoli per leggere nella lingua straniera (vedi la Quarta parte del presente manuale).

## Migliorare la comprensione della lettura

Spesso i problemi che incontriamo nascono da un'attenzione maldiretta: ci concentriamo solo sul significato letterale delle parole piuttosto che sull'idea complessiva di quanto stiamo leggendo.

Uno degli esercizi più utili è quello di indovinare il senso dal contesto: non occorre capire ciascuna singola parola per cogliere l'idea principale. I bravi lettori trascurano i termini poco significativi, eliminano quelli ridondanti e individuano quelli essenziali per orientarsi

## Tipi di lettura

I bravi lettori cambiano il loro modo di leggere a seconda dello scopo. Avere un obbiettivo nel leggere aiuta infatti a concentrarsi su quanto si vuole capire.

Possiamo leggere almeno in quattro modi diversi:

- scremare: leggere velocemente per arrivare all'idea centrale;
- esplorare: leggere sapendo cosa cercare nel testo;
- indovinare: leggere cercando di capire dalle parole che si conoscono;
- anticipare: leggere per capire cosa c'è dopo e se vale la pena continuare.

## *Leggere con intelligenza*

### *Mappe di lettura*

Scriviamo su un foglio quelle che secondo noi sono le parole-chiave incontrate nella lettura di un testo. Al centro, all'interno di un rettangolo, segneremo quella che riassume l'argomento del brano. Da essa si dirameranno tutte le altre parole.Come nelle mappe, indicheremo quindi i collegamenti tra i vari termini in modo da rappresentare graficamente, nei suoi tratti essenziali, l'intera struttura del brano.

### *Il vocabolario*

È un aiuto del quale non bisogna abusare e dal quale occorre liberarsi appena possibile. Il vocabolario deve essere l'ultima possibilità a cui ricorrere dopo aver cercato di capire il senso dagli indizi, dal contesto, dalla rilettura.Alcuni sostengono che se si è costretti a cercare sul vocabolario il significato di più di due, tre parole per pagina, significa che il brano di lettura è inadeguato al nostro livello di conoscenza linguistica.

### *Uso delle letture*

Bisogna "fare" qualcosa con quanto si legge. Ecco qualche idea:

- scrivere con parole proprie un riassunto della lettura e farlo leggere all'insegnante o a un amico che studia la stessa lingua;
- leggere messaggi telefonici e, partendo da alcune parole, scriverne di nuovi;
- collegare titoli con storie, testi pubblicitari, articoli, o fumetti.

## *Che lettori siamo?*

Tre sono i principali fattori che influenzano la nostra lettura:

- *Velocità*. Leggo troppo piano o troppo veloce?
- *Strategia*. Uso adeguate strategie di lettura?
- *Testo*. Ci sono troppe parole che non conosco?
  Trovo difficoltà nella grammatica?
  Conosco abbastanza l'argomento della lettura?
  Era un testo noioso?
  Era un testo troppo lungo?

## *Qualche consiglio*

- Chiariamoci sempre il perché di una lettura. Ci aiuterà a scegliere la strategia più adatta.
- Leggiamo quanto ci interessa di più.
- Prepariamoci alle letture, scoprendo prima l'argomento e ricordando ciò che già sappiamo.
- Non scegliamo letture troppo difficili per noi: se nella prima pagina di un libro troviamo più di sei parole-chiave completamente sconosciute e non riusciamo a capire il contesto, vuol dire che il libro che stiamo leggendo non è del tutto adatto al livello di conoscenza linguistica che possediamo.
- Dobbiamo leggere molto. La lettura facilita l'apprendimento della lingua.

## *Leggiamo spostando di volta in volta l'attenzione*

- Leggiamo a voce alta un paragrafo di cinque o dieci righe nella lingua che stiamo studiando, facendo mente locale alle parole che non conosciamo.
- Leggiamolo una seconda volta, facendo mente locale a tutte le forme verbali.
- Leggiamolo una terza volta, facendo mente locale ai nomi e alle loro forme singolari e plurali.
- Leggiamolo una quarta volta, facendo mente locale agli accenti tonici.
- Leggiamolo una quinta volta, soffermandoci sulle regole grammaticali applicate.
- Leggiamolo una sesta volta fissando l'attenzione sulla sintassi.
- Leggiamolo per la settima volta, soffermandoci sullo stile.

# *Schema delle strategie per la lettura*

Non occorre conoscere sempre ogni singola parola. L'importante è capire il senso generale del discorso.

Il percorso può essere il seguente:

↓

**Sfruttare le informazioni**

- Titoli. → Qual è l'argomento? Di che cosa si tratta?
- Sottotitoli. → Cosa accade alle persone?

↓

**Testo**

- Leggere una consistente parte di testo → Non leggere parola per parola!
- Indovinare! Fare attenzione ai collegamenti nel testo: allora..., poi..., quindi... → Come proseguirà?
- Il noto spesso aiuta a conoscere l'ignoto. → Dal contesto arrivare alle lacune.
- Provare! → Questo ha un senso o no?

↓

**Frasi**

- Attenzione ai collegamenti tra le frasi: mentre..., prima che..., quando... → Sono i segnali più importanti per il senso principale dell'informazione.
- Dedurre le parole mancanti attraverso la concatenazione delle frasi.
- Riesaminare attentamente le parole indovinate. → Danno alla frase un senso accettabile?

↓

**Parole**

| | |
|---|---|
| • Riconoscere in nuove combinazioni i prefissi e i suffissi noti. Dividere la parola in radice, più prefisso o suffisso. | → Esempi in tedesco: *weg-laufen* (allontanarsi); *fort-laufen* (scappare). |
| • Scoprire combinazioni di nuove parole in altri collegamenti. | → Esempi in inglese: *ring* (anello); *ring-binder* (cartellina con anelli a scatto); *key-ring* (portachiavi). |
| • Riconoscere parole presenti in diverse lingue. | → Esempi: *Supermarket, Supermarkt, supermarché* |
| • Solo quando manca qualcosa di importante per la comprensione: | → Dizionario. |

# Strategie per la scrittura

Scrivere in una lingua straniera è un'altra abilità da coltivare anche se, da certi punti di vista, le occasioni per scrivere non sembrano molte.

Certo, saranno poche le circostanze in cui ci è richiesto di scrivere in giapponese, in arabo, in cinese o in russo. Ma saper scrivere nella lingua mondiale, cioè in inglese, o nelle altre grandi lingue europee come il francese, il tedesco, lo spagnolo è invece spesso una necessità per lo studio e il lavoro. Lettere, messaggi, relazioni, fax, promemoria sono all'ordine del giorno per segretarie, dirigenti, studenti universitari. E comunque la vita sociale richiede la capacità di comunicare per iscritto, che sottintende molta conoscenza della lingua e in particolare della grammatica.

Secondo alcuni specialisti l'accento va posto, più che sul prodotto della scrittura, sul processo stesso dello scrivere.

Sono essenzialmente tre le fasi da seguire per migliorare la propria scrittura:

**1**. prescrittura: raccolta delle idee (lettura di giornali, *brainstorming*, traccia di quanto si vuole dire... );
**2**. scrittura: messa a fuoco del soggetto su cui scrivere;
**3**. revisione.

## *Alcuni espedienti*

L'esercizio ripetuto di scrivere rapidamente e liberamente nella lingua straniera ne migliora la fluidità. Lo hanno dimostrato i risultati di alcune ricerche statunitensi. Abituarsi a scrivere rapidamente per cinque minuti ogni giorno permette di ottenere risultati migliori nelle prove scritte (testi più lunghi e grammaticalmente più corretti) rispetto a coloro che scrivono di rado.

- Cerchiamo di scrivere comunque, per esempio:
  - copiare un esercizio dal libro di grammatica;
  - scrivere brevi lettere e cartoline;
  - scrivere brevi riassunti di quanto leggiamo;
  - scrivere su un taccuino le parole nuove ascoltate da un madrelingua;
  - scrivere le cinque cose più importanti da fare nel corso della giornata;
  - scrivere brevi appunti di lavoro;
  - scrivere un fax, un telegramma;
- Troviamo degli spunti per scrivere:
  - apriamo a caso una pagina della grammatica della lingua che stiamo studiando: leggiamo la prima frase e poi completiamola da soli; invertiamo le due frasi; condensiamole in una;
  - scriviamo i nomi di tutti gli oggetti che si trovano in cucina o sulla scrivania dell'ufficio;
  - mettiamoci alla prova scegliendo un argomento ogni giorno su cui scrivere cinque frasi; per esempio: il tempo; gli amici; come ho trascorso la giornata; la mia famiglia; il mio lavoro; come vorrei trascorrere il week-end.

# Strategie per la grammatica

Al di là delle mode ricorrenti nella didattica, la conoscenza grammaticale della lingua resta un momento centrale dell'apprendimento. Comprende le regole con cui si collegano le parole fra loro per costruire frasi che abbiano un senso.

Molti, nell'ultimo decennio, hanno sottovalutato l'importanza delle istruzioni grammaticali nello sviluppo della comunicazione, considerate come noiosi esercizi mnemonici. Si credeva che gli studenti assorbissero la grammatica direttamente dalle attività di comunicazione, anziché dalla lettura di libri.

Lo psicolinguista americano Stephen Krashen ha proposto un modello che ridimensiona il ruolo delle conoscenze grammaticali nell'apprendimento linguistico. Nel suo sistema è fondamentale la distinzione fra "acquisizione" e "apprendimento".

Il termine "acquisizione" si riferisce all'assorbimento della lingua in modo inconscio, come avviene nei bambini con la lingua materna.

L'"apprendimento" riguarda invece lo studio consapevole delle caratteristiche di una lingua. Per Krashen l'apprendimento non porta all'acquisizione: memorizzare le regole non vuol dire sapere una lingua. Insomma, una decisa svalorizzazione della grammatica, come reazione al precedente periodo di sopravvalutazione.

Ora il pendolo sta tornando verso una riconsiderazione delle norme grammaticali, o meglio verso una visione più equilibrata: la grammatica come libretto di istruzioni per l'uso della lingua. Si possono imparare molte parole e frasi, ma finché non sappiamo usarle in modi diversi non possiamo dire di conoscere una lingua.

C'è la tendenza a considerare la grammatica solo in riferimento al parlare "corretto", all'espressione chiara e precisa. Imparare l'inglese vuol dire, per esempio, sapere usare tutte le forme del verbo, per esempio: "*I go to London. I went to London. Did you go to London? He would have gone to London. Were they going to London? When will she go to London? You have gone to London*".

Memorizzando frasi come queste si impara parecchio sul verbo *to go* e sul modo di usarlo. Non serve quindi imparare elenchi di termini se poi non si sa come metterli insieme: bisogna esprimersi nel modo condiviso dalla comunità linguistica in un dato momento, e non come un uomo delle caverne: "*Me go London, give food*". Ci si aspetta infatti che una persona parli in modo normale, cioè che conosca il modo con cui le parole si mettono insieme.

Un fatto è certo: quando impariamo la grammatica entriamo all'interno della lingua, nel suo codice segreto, negli aspetti che la differenziano da tutte le altre.

Così l'italiano, il francese, il russo, il turco e molte altre lingue cambiano le desinenze del verbo per indicare la persona parlante, mentre l'inglese si limita a indicare con una *s* solo la terza persona singolare.

In cinese si dice "un libro", "due libri", "molti libri", mentre in inglese si aggiunge una *s* alla parola per ottenere il plurale.

L'arabo e l'ebraico hanno due parole diverse per indicare il pronome personale "tu" a seconda che si riferisca a un uomo o a una donna, oltre alle desinenza verbali.

Il turco usa un'unica parola per indicare i pronomi "lui", "lei", "esso".

Il russo addirittura non ha articoli e il valore logico delle parole all'interno della frase è dato dalla declinazione di nomi e aggettivi, proprio come avviene nel latino e nel greco classico. Il russo ha sei casi: nominativo, genitivo, dativo, accusativo, strumentale, prepositivo. Gran parte dei nomi femminili termina al nominativo in *a* e ha una sua declinazione, i maschili terminano in consonante e i neutri in *o* oppure *e* con due distinte declinazioni. Nella coniugazione dei verbi oltre al tempo viene indicato l'aspetto del verbo, cioè la modalità dell'azione, se completamente conclusa (aspetto perfettivo) o ancora in corso e ripetitiva (aspetto imperfettivo).

Nel cinese invece (definito "una lingua facile, spaventosamente facile, tanto che è quasi impossibile impararla") non ci sono coniugazioni, né declinazioni, né concordanze. La grammatica è quasi esclusivamente sintattica, cioè relativa all'ordine delle parole: i rapporti che le parole hanno tra loro dipendono dalla posizione che occupano nell'enunciato.

In giapponese una serie di particelle che precedono o seguono le parole indicano varie funzioni logiche: il soggetto, l'oggetto, l'appartenenza, il movimento da luogo o verso luogo ecc.

Ogni lingua è davvero un mondo a sé stante e la grammatica è la mappa per scoprirlo. Così dovremmo affrontare il necessario apprendimento delle regole di funzionamento di una lingua, e non come una serie di tranelli appositamente concepiti per complicarci la vita.

## *Consigli per la grammatica*

- Memorizziamo intere frasi in cui vengono applicate le regole grammaticali, anziché sforzarci di impararle isolatamente.
- Per la lingua che stiamo studiando, è utile leggere uno o più libri di grammatica, sottolineando le differenze più rilevanti con la nostra lingua.
- Curiosiamo nella grammatica con lo stesso interesse e stupore con cui scopriamo le regole di un gioco.
- Facciamo ricorso alla forza della nostra immaginazione per raffigurarci il funzionamento della lingua, soprattutto in quei punti che ci sembrano più astrusi.
- Memorizzata un'espressione contenente una regola grammaticale, applichiamola subito in altre frasi, utilizziamola non appena abbiamo l'occasione di scrivere o parlare.

## *Gli strafalcioni più diffusi*

Ecco un elenco degli errori di grammatica inglese più comuni per noi italiani.

- *What he want?* (Forma esatta: *what does he want?*)
- *Where you work?* (Forma esatta: *where do you work?*)
- *I not understand* (Forma esatta: *I don't understand)*
- *She no speaks English* (Forma esatta: *she doesn't speak English*)
- *I don't want nothing* (Forma esatta: *I don't want anything*)
- *He say* (Forma esatta: *he says*)
- *I am gone* (Forma esatta: *I have gone*)
- *I can to go* (Forma esatta: *I can go*)
- *When you have finished to eat* (Forma esatta: *when you have finished eating*).
- *Is easy to make a mistake* (Forma esatta: *it is easy to make a mistake*)
- *Do you know where is her house?* (Forma esatta: *do you know where her house is?*)

# Organizziamo tempi e modi

## Da dove partire

Non esiste apprendimento senza iniziativa. Questa idea-chiave dell'approccio "silent way" di Caleb Gattegno ci introduce al problema di come affrontare la nostra formazione linguistica.

Spesso partiamo appesantiti o bloccati dalle frustrazioni di precedenti esperienze. I problemi che incontriamo più di frequente sono:

- l'impazienza: si vorrebbe utilizzare immediatamente la nuova lingua con la stessa facilità con cui si usa la lingua madre;
- la paura di sbagliare: non riusciamo ad accettare l'errore come un "non è così", una semplice non corrispondenza alla arbitraria convenzione linguistica, ma lo viviamo come una dimostrazione di incapacità, un attentato alla nostra reputazione, un pericolo per la nostra identità, un doloroso colpo alla nostra autostima;
- l'incapacità di giocare con i suoni e di usare le immagini come fonte di significato.

Come risposta a queste difficoltà diffuse, Gattegno invita a riflettere su due punti:

**1.** Se i bambini imparano una lingua presto e bene e i grandi la imparano con fatica e male, conviene lasciar cadere il pregiudizio che da grandi non si possa fare quanto si è fatto da piccoli.

**2.** Per apprendere una lingua è necessario impegnare la propria responsabilità. Chi studia sotto costrizione (della famiglia, della scuola, dell'azienda) impara poco perché non è motivato.

Occorre scegliere: o si prende in mano la propria formazione, non subendola passivamente ma diventando più attivi, o tanto vale dedicarsi ad altre attività.

Solo prendendo delle iniziative si può fare in modo che il tempo di studio si trasformi in un'esperienza soddisfacente.

## Tanto per cominciare

Come orientarsi nella scelta delle strategie più adeguate, partendo dal criterio dell'efficacia?

David Hill, consulente didattico del British Council di Milano, ha proposto una graduatoria delle migliori strategie per imparare l'inglese.

### *L'hit-parade delle strategie di successo*

**1**. Soggiorno per un periodo di sei mesi o un anno in Inghilterra o negli Usa, presso una famiglia o amici di madrelingua inglese.
**2**. Corso individuale in Italia con insegnante madrelingua inglese (in orario mattinale) e poi un soggiorno all'estero.
**3**. Corso di linguaggio specifico con insegnante madrelingua (in orario mattinale) in un piccolo gruppo. Quindi un altro corso all'estero.
**4**. Corso diluito nel tempo (in orario pomeridiano), in un piccolo gruppo con insegnante madrelingua.
**5**. Corso con insegnante madrelingua e con l'utilizzo di supporti audiovisivi.
**6**. Corso multimediale per l'autoapprendimento: strumenti audio e video, guidati dal computer.
**7**. Ascolto sistematico di audiocassette di inglese.
**8**. Lettura di un libro inglese particolarmente attinente al proprio ambito di lavoro o di studio.
**9**. Lettura di una rivista inglese.
**10**. Studio di una grammatica o di un manuale.

# Rendersi autonomi

La scelta della strategia di apprendimento più efficace dipende da molti fattori:

- la necessità di usare la lingua in tempi ravvicinati;
- il tempo disponibile per lo studio;
- il proprio stile di apprendimento;
- la motivazione.

Da un'attenta analisi di questi elementi potremo decidere se frequentare un corso in Italia o all'estero, se immergerci in un corso full time per una o più settimane, se munirci di adeguato materiale e fare da soli, se prendere lezioni private o semplicemente cercare occasioni per conversare.

"La classe resta il luogo più stupido per imparare una lingua straniera" dice David Hill, consulente didattico del British Council. "La lingua non si può imparare solo sui libri, non è come la chimica, è un modo di vivere."

Secondo Hill la tendenza che domina oggi nell'apprendimento della lingua è la *learner independence*, vale a dire il fornire agli studenti metodi e tecniche per gestire meglio il lavoro che comunque devono svolgere per conto proprio, oltre a tecniche mnemoniche o semplicemente organizzative.

# Tempo x energia = risultato

In quanto tempo si può imparare una lingua? O meglio, come si deve organizzare il tempo a disposizione in modo da ottenere un risultato ottimale?

In una ricerca del Censis, Pier Giorgio Sabani sostiene che la metodologia ideale poggia su questo criterio: il rapporto tempo/energia deve dare una percezione di equilibrio del risultato.

Alla luce di questo principio va quindi riconsiderata l'idea della diluizione nel tempo dell'apprendimento. Come fa notare Sabani, studiare per un'ora una lingua straniera richiede un passaggio di natura cognitiva da un universo linguistico-culturale a un altro, con conseguente dispendio di energia. Il poter permanere più a lungo e più frequentemente nello stesso universo simbolico, significa quindi aumentare la probabilità di "sentirsi a proprio agio" in un contesto cognitivo diverso.

Il peso del "passato" di apprendimento sembra ridurre la necessaria elasticità mentale, la dimensione del gioco, l'apertura al nuovo. Il tempo va dunque valutato anche in funzione della disponibilità, delle capacità, dei risultati e dei blocchi di ciascuno a imparare in modo diverso.

# È questione di nuovi automatismi

Una delle idee-base del metodo "silent way" è che le persone sono entità energetiche. Quando apprendiamo, non facciamo altro che trasformare la nostra energia: i muscoli delle corde vocali e del viso devono abituarsi a nuovi movimenti; la respirazione cambia nell'emettere nuovi suoni. Questa ridistribuzione dell'energia non avviene in modo istantaneo: i muscoli sono pesanti e non sempre rispondono docilmente, come avviene nel bambino. Occorre tempo per far sì che l'esperienza si trasformi in un automatismo.

Secondo l'approccio "silent way", la vera difficoltà nell'apprendimento di una lingua straniera non sta tanto nell'acquisizione del significato dei vocaboli, quanto:

- nella capacità di emettere le nuove sequenze di suoni in modo sciolto e naturale;
- nella capacità di cambiare i ritmi di respirazione secondo le esigenze dettate dalla lingua.

Tempo ed energia possono essere risparmiati considerando l'apprendimento linguistico da un altro punto di vista.

Secondo Caleb Gattegno, se si insegna qualcosa che deve essere ricordato e che invece ogni volta viene dimenticato, vuol dire che occorre ripeterlo. Ma questo qualcosa può essere ancora dimenticato; viene quindi ripetuto, poi magari nuovamente dimenticato... e la catena può continuare per tempi lunghissimi. Meglio allora non ricordare, dice il geniale creatore del "silent way": in questo modo elimineremo il problema della dimenticanza. Il ragionamento si basa su un dato: apprendere una lingua non è un problema di memoria, ma un "saper fare"; si svolge nel campo delle azioni, non in quello delle nozioni.

"Sarebbe come chiedere a qualcuno di analizzare che cosa fa quando cammina o quando corre" dice Cecilia Bartoli, la studiosa che ha introdotto in Italia il metodo di Gattegno. "Provate a tradurre in parole quello che fate prima di fare un passo e vedrete che blocco vi create. Eppure 'sapete' camminare! E nessuno si sognerebbe di insegnare a qualcun altro a camminare attraverso una serie di spiegazioni logiche, né attraverso la memorizzazione delle varie fasi del cammino. La realtà è che ci sono tanti modi per arrivare a sapere, a conoscere, e non tutti prendono la strada dell'intelletto o della memorizzazione e certamente non si arriva a sapere una lingua solo attraverso il raziocinio o la logica. Ci si arriva sfruttando anche altri poteri mentali che sono in noi e che magari non siamo consapevoli di usare."

## *Più fluenti eliminando il ricordo*

Ecco che cosa possiamo fare per imparare una lingua in meno tempo, superando il vicolo cieco del ricordo-dimenticanza.

Diamo la precedenza ai vocaboli funzionali di una lingua: congiunzioni, preposizioni, avverbi ecc. Grazie a queste parole è possibile fare innumerevoli combinazioni e manipolazioni anche conoscendo pochi sostantivi della nuova lingua. È quella che il linguista Noam Chomsky chiama "creatività del linguaggio", cioè la capacità del linguaggio verbale di costruire un insieme infinito di frasi diverse, partendo da un numero finito di elementi e regole grammaticali.

Per esempio, prendiamo espressioni francesi come: *ce, c', que, comme, est, ne, pas, elle, a, bleu, sont, en*. Queste si potranno combinare in centinaia di modi: *c'est bleu, est-ce que elle est bleu?, elle n'en a pas, ce n'est qu'elle, ce n'en sont pas, elles ne sont pas bleues* ecc. In questo caso con dodici particelle possiamo creare da soli molte frasi. Esaurite queste, ci riforniremo dell'energia di nuove parole funzionali da cui ricavare altre combinazioni.

Appresa in questo modo la base della lingua, potremo acquisire nuova energia attraverso altri supporti didattici come libri, cassette audio e video, esercizi di conversazione ecc.

## *Tanto inglese in 100 parole*

Tony Buzan, un esperto inglese di mnemotecniche, ha preparato un elenco di cento espressioni funzionali che, da sole, costituiscono il cinquanta per cento delle conversazioni in inglese. Se colleghiamo le nuove parole che impariamo con quelle sotto elencate, possiamo creare innumerevoli combinazioni.

Insomma, tanta lingua con poche parole. Eccole.

1. *a, an*
2. *about*
3. *above*
4. *across*
5. *after*
6. *again*
7. *against*
8. *all*
9. *and*
10. *any*
11. *as*
12. *at*
13. *before*
14. *but*
15. *by*
16. *can*
17. *to come (came, come)*
18. *to do (did, done)*
19. *each*
20. *to find (found)*
21. *first*
22. *for*
23. *from*
24. *to get (got)*
25. *to go (went, gone)*
26. *to have (had)*
27. *he, him, his*
28. *her, hers*
29. *here*
30. *how*
31. *I*
32. *if*
33. *in*
34. *into*
35. *it, its*
36. *to know (knew, known)*
37. *like*
38. *me*
39. *more*
40. *most*
41. *much*
42. *my, mine*
43. *new*
44. *no, not*
45. *now*
46. *of*

...

...

47. *on*
48. *one*
49. *only*
50. *or*
51. *other*
52. *our, ours*
53. *out*
54. *over*
55. *part*
56. *people*
57. *place*
58. *same*
59. *to see (saw, seen)*
60. *shall*
61. *she*
62. *show (showed, shown)*
63. *so*
64. *some*
65. *state*
66. *still*
67. *such*
68. *to take (took, taken)*
69. *to tell (told)*
70. *than*
71. *that*
72. *the*
73. *their, theirs*
74. *them*
75. *then*
76. *there*
77. *these*
78. *they*
79. *thing*
80. *to think*
81. *this*
82. *trough*
83. *time*
84. *to*
85. *under*
86. *up, upon*
87. *us*
88. *use*
89. *very*
90. *we*
91. *what*
92. *when*
93. *where*
94. *which*
95. *who*
96. *why*
97. *will*
98. *with*
99. *work*
100. *you, yours*

Terza parte

# I NUOVI METODI E LE NUOVE TECNICHE PER IMPARARE LE LINGUE

# Si imparava una volta...

Gli antichi romani studiavano il greco frequentando a Roma filosofi e retori greci. Si recavano ad Atene per migliorarlo. Un po' come avviene anche oggi: andare all'estero, cercando le occasioni per ascoltare e parlare, sembra la soluzione più veloce per imparare una nuova lingua.

Lo stesso metodo seguivano anche le persone colte nel Medioevo e nel Rinascimento: niente manuali, tanta pratica nell'arte della conversazione con maestri francesi, inglesi ecc.

Lo studio teorico della lingua viene incrementato nel Seicento dal pedagogista cèco Jan Amos Comenio (1592-1670). Secondo costui, l'insegnamento della lingua doveva basarsi non tanto sulla spiegazione di regole grammaticali, quanto su principi induttivi, cioè su esempi, illustrazioni, letture ed esercizi di scrittura. A quel periodo risalgono i concetti di vocabolario essenziale e sussidio audiovisivo.

Nel secolo successivo, accanto alle conversazioni si affianca, fino a prendere il sopravvento, lo studio della grammatica della lingua straniera, secondo le regole di quella latina.

Ma è nell'Ottocento che inizia un profondo rinnovamento, teorico e applicativo, nell'insegnamento delle lingue. Nel 1880 Gouin, nel libro *Art d'enseigner et d'étudier les langues*, proponeva l'applicazione della psicologia all'insegnamento delle lingue e sosteneva l'importanza del coinvolgimento personale dell'allievo. Nel 1882 l'insegnante tedesco Vietor, nell'opuscolo *Der Sprachunterricht muss umkehren* ("L'insegnamento delle lingue deve cambiare") criticava i metodi basati esclusivamente sulla grammatica e sulla traduzione.

Nel 1899 lo psicolinguista francese Paul Passy pubblicò un trattato dal titolo *De la méthode directe dans l'enseignement des langues vivantes*. È da quell'epoca che prende avvio il proliferare di metodi naturali e diretti, i *mimicry-memorization*, fino ai più recenti della suggestopedia di Georgy Lozanov, e il "silent way" di Caleb Gattegno.

Da allora il pendolo delle mode linguistiche ha continuato a oscillare: periodicamente l'interesse è passato dai metodi "grammaticali" a quelli "diretti", spesso camuffati da nomi esotici, "sette", movimenti.

Con le teorie di Henry Sweet sul carattere arbitrario delle lingue e sull'importanza degli aspetti fonologici nell'insegnamento (ma anche con i contributi di altri studiosi come Otto Jaspersen e Harold Palmer), viene superata l'idea che una lingua si conosce studiandone la grammatica.

Si va affermando il metodo diretto, divulgato attraverso scuole specializzate come la Berlitz School, mentre altre si concentrano sullo sviluppo di competenze linguistiche basate sulla scrittura e sulla lettura.

# L'approccio situazionale

Era un metodo in voga sul finire degli anni Sessanta. Si fingeva una conversazione in luoghi tipici della vita quotidiana (come l'ufficio postale, il ristorante, il negozio, la stazione) per introdurre le regole grammaticali. Tutto sommato era un modo più piacevole per imparare rispetto a quello usato per le lingue dell'antichità classica. Si ascoltava un nastro registrato, si leggeva un testo, si traduceva, ma nulla di più: quando si trattava di parlare, gli studenti non riuscivano a far altro che ripetere frasi memorizzate.

Negli anni Settanta l'attenzione incomincia a spostarsi sul ruolo dello studente più che su quello del professore. Nascono i metodi funzionali e comunicativi. Si inizia a tener conto del fatto che ogni studente ha i propri ritmi di apprendimento, e che quindi la didattica va calibrata su ciascuno di loro. Vengono allora valorizzate le tecniche di autoapprendimento più che l'insegnamento di gruppo.

Ma la vera rivoluzione arriva negli anni Ottanta con la diffusione delle nuove tecnologie: un'esplosione di fascicoli, audiovisivi, di programmi software e degli strumenti più vari per imparare le lingue. Niente più lavagne, sostituite dal personal computer. L'insegnante diventa solo uno dei vari mezzi che gli studenti hanno a disposizione.

# Comunicando si impara

È la tendenza dominante nelle scuole di lingua e in particolare per quelle dove l'inglese viene insegnato come seconda lingua. Si oppone al tradizionale sistema di insegnamento che considera la lingua come una materia da insegnare, esattamente come la biologia o la storia.

Oggi invece si riconosce che quella linguistica è un tipo di formazione il cui obbiettivo è la capacità di comunicare e non tanto il possesso di nozioni.

La comunicazione comprende due abilità: quella di produrre messaggi verbali nel parlato e nello scritto, e quella di riceverli e decodificarli, ascoltando gli altri e parlando con loro.

L'approccio comunicativo, strettamente legato all'idea di apprendimento collettivo, si basa sul lavoro in piccoli gruppi: l'insegnante diventa un facilitatore dell'apprendimento piuttosto che un'autorità centrale.

I vantaggi di questo approccio sono molti. Maggiori opportunità di comunicare in classe, minor tensione tra gli studenti e maggior cooperazione. Ci può essere chi eccelle nell'uso di certe strutture, e chi possiede un vocabolario più preciso. Lo scambio di queste conoscenze non aiuta solo chi le riceve ma anche chi le offre: tutti sappiamo che il modo migliore per imparare qualcosa è insegnarla.

Infine, il lavoro in un piccolo gruppo offre l'opportunità di sperimentare senza paura nuove vie di espressione, in quanto garantisce la presenza di un ambiente rassicurante.

Nelle scuole tradizionali, invece, nelle quali gli studenti devono "esibirsi" di fronte all'intera classe, viene accentuata la distinzione fra bravi e non bravi, che affonda le sue radici nell'idea che alcuni sono destinati in partenza a vincere e altri a perdere.

L'approccio comunicativo tiene inoltre conto della diversità di stili di apprendimento: alcuni studenti sono più "uditivi", altri più "visivi"; alcuni hanno bisogno di regole, altri raccolgono dati; alcuni sono deduttivi, altri induttivi ecc. Cogliere queste differenze è importante per impostare il lavoro in aula.

# I metodi pedagogici

## Il "silent way" di Gattegno

È l'ultima novità in fatto di apprendimento delle lingue. In Italia è stato introdotto dal Censis nell'ambito di un progetto condotto in collaborazione con l'Accademia di commercio e turismo di Trento. Dal 1985 l'istituto utilizza questo metodo che "esalta le possibilità di autoapprendimento degli allievi, prendendo in considerazione tutte le loro capacità mentali", come sostiene Cecilia Bartoli, che per il Censis ha seguito il progetto come responsabile scientifico-didattica.

I risultati? In trenta ore di lezione con il "silent way" gli studenti di Trento hanno raggiunto lo stesso livello di preparazione che normalmente gli alunni acquisiscono dopo cinque anni di scuola.

Il "silent way", il metodo "silenzioso" – denominazione provocatoria per un metodo di insegnamento della lingua orale – costringe l'insegnante a tacere: al massimo egli deve fornire un modello linguistico, ma poi si deve limitare a dare istruzioni con i gesti. È invece lo studente che deve parlare, fin dal primo momento.

Ecco di cosa si tratta.

### *Le basi del metodo*

"Solo la consapevolezza è educabile nell'uomo." "Non vi è apprendimento che non sia anche autoapprendimento." "Gli esseri umani sono dei 'sistemi che apprendono'."

"Gli esseri umani sono entità energetiche." Su questi presupposti Caleb Gattegno, pedagogista statunitense accostatosi ai temi della glottodidattica, ha ideato un sistema di materiali e di tecniche che permette agli studenti di guidare il proprio apprendimento, divenendo più autonomi e responsabili.

Egli sostiene che l'inefficienza dei metodi finora usati dagli insegnanti ha una causa ben precisa: il partire esclusivamente dallo studio della lingua in sé invece che dallo studio dei processi mentali che avvengono nel soggetto che apprende.

Per Gattegno "sapere" una lingua non ha niente a che vedere con l'acquisizione e l'elaborazione di dati che si trasformano poi in conoscenza. Non siamo degli esseri puramente cerebrali, delle macchine mnemoniche. Tutti siamo dotati di molte altre capacità o poteri mentali, come li chiama Gattegno. Per imparare una lingua occorre coinvolgere tutte le nostre facoltà, anche quelle non puramente intellettuali (come le componenti motivazionali, sensitive, volitive, valutative, operative, percettive ecc.) che sono alla base di ogni atto di espressione linguistica.

Affaticarsi sulla grammatica e sul vocabolario vuol dire, per Gattegno, impiegare una quantità sproporzionata di energie (e soprattutto di memoria) nel tentativo di ridurre la lingua a un sistema chiuso di casi, regole, principi.

## *Niente riferimenti alla lingua madre*

Tradurre una frase inglese, o francese, o tedesca in una corrispondente proposizione italiana aiuta veramente ad apprendere la lingua straniera o interferisce negativamente?

Secondo Gattegno, l'errore che spesso si fa quando si insegna una nuova lingua è quello di porre l'enfasi sulla comprensione delle singole parole. Ci si dimentica cioè che lo spirito di una lingua è unico e rispecchia il modo di guardare la realtà e quindi di descriverla di una diversa cultura. Facciamo un esempio. La descrizione della situazione: "Carlo sta mangiando" è resa in francese con la locuzione: "*Charles est en train de manger*". Per quanto i termini francesi siano facilmente comprensibili uno per uno, in italiano non avrebbero senso se fossero riportate nella sequenza francese. Analogamente, la trasposizione diretta delle parole italiane in francese risulterebbe insensata.

Nonostante ciò, si continua a partire dalla lingua madre e a usarla come termine di confronto. Ci si comporta come se l'unica descrizione possibile della realtà fosse quella fornita dalla lingua originaria.

Va invece tenuto sempre presente che gli uomini sono diversi, diverse sono le loro storie e le loro esperienze, diversi dunque i modi in cui hanno organizzato sul piano linguistico queste esperienze.

Ogni nuova lingua va considerata come un'entità autonoma, una diversa possibilità di descrivere la realtà: non si può perciò pretendere di far conoscere una nuova lingua riducendola a quella che conosciamo già, cioè alla nostra lingua madre. È come se qualcuno che usa la bicicletta come mezzo di trasporto volesse usare gli sci per lo stesso scopo, cercando di pedalare: non si può far funzionare una lingua basandosi sul sistema di un'altra.

## *Gli strumenti del "silent way"*

Chi entra in una classe dove viene applicato il metodo "silent way" rimane colpito dalla semplicità degli strumenti: tabelle piene di parole colorate appese alle pareti, legnetti variopinti sparsi su un tavolo, disegni; un insegnante che non parla ma che si fa capire a gesti o attraverso frasi che forma sulle tabelle; studenti impegnati a esprimersi nella lingua straniera.

### LA TABELLA DEI COLORI

Sullo sfondo nero di una tabella di 40 x 50 centimetri circa è rappresentato un certo numero di rettangoli colorati, ognuno di un colore diverso. Ogni rettangolo rappresenta un suono della lingua da studiare. In inglese i suoni sono cinquantotto, di cui trentasette monocolore (cioè semplici) e ventuno bicolore (formati da due suoni che costituiscono un'unità). "Servono a educare lo studente all'ascolto" spiega Cecilia Bartoli, la massima esperta in Italia del metodo. "Tutti noi conosciamo le difficoltà che si incontrano nell'udire i suoni di una lingua che non ci è familiare. Ciò avviene perché la nostra attenzione si è abituata a focalizzarsi sul significato delle parole e non sui suoni che le costituiscono. Questi ci sono così familiari che non li notiamo più. Per imparare una nuova lingua però abbiamo bisogno di recuperare questa attenzione e questo diventa più facile se sostituiamo alla realtà temporale del linguaggio che si consuma (e non è più recuperabile) una realtà spaziale che rimane, in un certo senso, immutabile dandoci il tempo di riflettere e sperimentare." Ma apprendere i colori non vuol dire imparare a memoria la corrispondenza suono-colore, quanto piuttosto giocare con pochi suoni alla volta e scoprire, attraverso il gioco delle combinazioni, quante parole e frasi si possono formulare, anche con pochissimi elementi.

### LA TABELLA DELLE PAROLE A COLORI

Variano di numero a seconda delle lingue straniere da studiare: per l'inglese sono dodici, e ognuna di esse contiene circa trenta parole. Ogni parola è colorata a seconda dei suoni di cui è composta e segue il codice della tabella dei rettangoli, il che permette di leggere correttamente tutte le parole delle tabelle indipendentemente dalla loro grafia. Si può intuire la potenza di questo strumento per una lingua come l'inglese il cui sistema fonico è estremamente poco coerente con quello grafico. Così, per esempio, due parole come right e write, pur mantenendo una grafia distinta, sono colorate allo stesso modo. Ai suoni delle due parole corrispondono gli stessi colori. Le tabelle sono organizzate secondo criteri precisi:

- Tutte le parole delle prime tabelle sono tali da permettere di formare, attraverso varie combinazioni, centinaia di frasi. In questo modo si sperimenta che conoscere una lingua non vuol dire memorizzare un gran numero di vocaboli, bensì saperne relazionare anche pochi ma in molti modi diversi.

- La sequenza delle parole scelte corrisponde a situazioni facilmente percettibili.
- Quasi tutte le parole contenute nelle tabelle possono essere integrate nelle strutture insegnate in precedenza. L'insegnamento prende così una forma a spirale e organica e non lineare o statica.
- Spesso una tabella contiene determinate parole e i loro contrari, perché è più facile percepire il significato di una parola contrapponendola al suo opposto.
- Le tabelle si tengono appese alle pareti dell'aula, ma sono anche riprodotte in tre cartoncini di formato 20 x 14 centimetri, che gli studenti usano per il lavoro individuale.

### I REGOLI

Sono lo strumento principale per far comprendere il significato di parole e strutture nuove senza passare attraverso la lingua madre dello studente: si tratta di una scatola di bastoncini colorati di un centimetro di sezione e di lunghezza compresa tra 1 e 10 centimetri. Essendo molto maneggevoli, si prestano a creare situazioni visivamente chiare:

- I regoli permettono di esercitare la fantasia degli studenti e degli insegnanti. Possono infatti diventare case, strade, automobili, banche, stanze.
- I regoli permettono al docente di rieducare la percezione visiva degli studenti: si fa loro prendere coscienza che una determinata sequenza sonora (linguistica) corrisponde a una realtà esteriore percettibile.
- Come materiale neutro, i regoli permettono di creare situazioni neutre, a basso livello energetico. Gli studenti, non sentendosi coinvolti emotivamente (come spesso accade in situazioni in cui si chiede loro di esprimere opinioni, o comunque di mostrarsi "intelligenti"), usano la loro energia in modo rilassato.

### I DISEGNI

Nel materiale "silent way" figurano anche dieci disegni, ognuno dei quali rappresenta una situazione diversa: un camera da letto, un ristorante, una gita in campagna, una famiglia ecc. Si tratta sempre di raffigurazioni estremamente lineari, "vuote" di contenuto, poco legate a realtà culturali fortemente caratterizzate. Queste caratteristiche permettono agli studenti di riempire i "vuoti" con la loro immaginazione e la loro esperienza, e di usare tutte quelle porzioni di lingua che conoscono.

### I TESTI DI LETTURA

Mille frasi divise per argomenti specifici propri della cultura di un determinato Paese: ecco lo strumento creato per ampliare il lessico secondo il sistema "silent way". I temi trattati vanno dalla casa allo sport, dalla famiglia alle vacanze ecc.

## Lo "structured tutoring" di Von Harrison

Un'ora di lezione alla settimana, nel momento più adatto, per eseguire i compiti illustrati dal tutor: detta così sembra la soluzione più semplice. Ma occorrono volontà e motivazione notevolissime. "La progressione del lavoro è scandita in modo preciso cioè structured", spiega Paolo Balboni in un suo saggio sulla didattica delle lingue negli Usa. "L'allievo deve raggiungere il grado prefissato di apprendimento ogni settimana."

La proposta è di Von Harrison, uno psicopedagogista che solo dopo anni di attività nel campo della ricerca ha applicato alcune conclusioni alla glottodidattica.

Quanto ai risultati, c'è chi parla di eccezionale acquisizione linguistica in poche settimane di istruzione e di studio. Va tuttavia fatto rilevare che il metodo si muove nell'ambito del modello grammaticale-traduttivo.

# I metodi psicologici

## La suggestopedia

Una lingua in cinque settimane: musica, relax, atmosfera piacevole, clima disteso, insomma quasi un gioco. Ma di milleottocento-duemila parole straniere imparate, il settanta per cento viene usato per parlare, il trenta per cento per leggere.

"Le possibilità umane sono assai più ampie di quel che si crede", diceva Georgy Lozanov a chi rimaneva stupito del suo metodo. È lui lo psicoterapeuta bulgaro inventore della suggestologia, che segna un approccio completamente nuovo all'apprendimento. Questo metodo si basa sulla constatazione che tutto il nostro comportamento è condizionato dall'ambiente e che quindi sfruttando l'influenza dell'ambiente possiamo modificarlo.

Modificano il comportamento del figlio i genitori che suggeriscono: ma-ma, pa-pa, no, sì, bravo, cattivo, questo si fa, questo non si deve, se sei bravo ti faccio un regalo, se sei promosso ti compro la bicicletta ecc. Le suggestioni provenienti dal mondo del lavoro, dalla scuola, dalla vita sociale continueranno poi a condizionarci negli anni a venire.

La suggestologia studia proprio il modo in cui l'ambiente influisce sull'uomo: lo scopo che si propone è quello di imparare a usare questa influenza per modificare consapevolmente il nostro comportamento.

Così scopriamo che molte delle nostre capacità e dei nostri poteri mentali non vengono sviluppati solo perché l'ambiente non ci sollecita a farlo.

Il condizionamento ambientale avviene attraverso l'enorme quantità di informazioni che raggiunge il sistema nervoso e coinvolge la condizione mentale e il processo fisiologico di ciascun individuo. Ma la coscienza non percepisce tutto l'insieme di influenze e interazioni fra l'uomo e il suo ambiente. Per esempio, in forza del condizionamento subito, crediamo che apprendere in modo efficace sia necessariamente difficile e noioso; che imparare a memoria delle nozioni implichi ineluttabilmente faticose ripetizioni; che dopo una certa età – o *a* una certa età – studiare sia inutile e ridicolo; che possiamo assimilare solo una certa quantità di nozioni e via di seguito.

La norma sociale ci dà una certa idea delle nostre capacità. Così, per esempio, noi veniamo convinti dagli stimoli restrittivi dell'ambiente che ci è impossibile superare un certo livello, e questo ovviamente ci impedisce perfino di pensare di superarlo.

È dunque semplicistico ridurre la suggestione a una manovra fraudolenta, a una manipolazione. Il fenomeno suggestivo è dovunque, costituisce una interrelazione costante fra l'individuo e l'ambiente. Perciò va utilizzato in modo consapevole.

## *Sfruttiamo la suggestione per imparare le lingue*

Gli studi suggestologici hanno contribuito a determinare nuovi sviluppi nel campo dell'apprendimento fino a creare una nuova disciplina, la suggestopedia, che applica i principi di Lozanov al processo di apprendimento e alla pedagogia.

I cardini dell'approccio suggestopedico sono tre.

**1**. Piacere e assenza di tensione.
"Ridere lubrifica l'apprendimento" sostiene Lozanov. Tradizionalmente le nozioni di gioco e lavoro sono considerate antitetiche. L'idea di gioco viene associata a sentimenti di gioia e piacevolezza. Ciò che provoca piacere è guardato con sospetto, mentre ciò che risulta noioso, faticoso, sgradevole, per contro non può che essere buono. L'opinione secondo cui il lavoro deve essere tedioso è molto diffusa, nonostante la psico-

logia moderna riconosca che gli avvenimenti ritenuti gradevoli vengono memorizzati meglio di quelli sgradevoli.

**2**. Unità di cosciente e non cosciente.
Nell'apprendimento suggestopedico viene presa in considerazione la globalità della persona con tutte le sue funzioni, logiche e razionali, affettive e artistiche. Non vengono quindi privilegiate quelle razionali, perché l'allievo non viene considerato una macchina cibernetica senza emozioni.

**3**. Interazione suggestiva.
La facilitazione nell'apprendimento dipende dalla qualità della relazione interpersonale tra l'insegnante (il facilitatore) e colui che apprende.

I principi di Lozanov hanno avuto un'importante applicazione nel campo dello studio delle lingue straniere a partire dagli anni Sessanta. Il successo è stato tale da attirare l'attenzione internazionale degli psicolinguisti, ma anche di psicologi e psicoterapeuti.

Si tratta di eliminare o ridurre al minimo le suggestioni negative che bloccano il rendimento degli studenti.

Ecco qualche esempio di suggestioni con cui gli insegnanti influenzano negativamente gli allievi:

- limitando, in ogni lezione, a una piccola quantità il materiale da apprendere, si suggerisce alle persone che non sono molto intelligenti né molto capaci;
- facendo ripetere numerose volte la stessa cosa si suggerisce agli allievi che non hanno molta memoria e che l'apprendimento è un esercizio lungo e faticoso;
- la correzione immediata e diretta degli errori è una vessazione che toglie agli allievi spontaneità e fiducia in se stessi.

## *Inglese: relax, musica e giochi*

Quella che segue è invece la descrizione di come si presenta una lezione di lingua inglese a base suggestopedica: l'ha sperimentata una studiosa francese, Fanny Saferis, divenuta una delle maggiori divulgatrici del sistema di Lozanov.

L'aula sembra piuttosto un salotto: la stanza è grande e luminosa.

Dodici comode poltrone sono disposte a semicerchio; la tredicesima, riservata al professore, è un po' scostata, ben visibile da tutti.

Dietro la poltrona del professore c'è la classica lavagna, che ha in alto due altoparlanti, mentre dal soffitto pendono due microfoni.

Ci sono alcuni mobili del tipo di quelli che si troverebbero anche in un appartamento, e alle pareti sono appese alcune riproduzioni. Tutto è semplice ma, dalla moquette alle tende, ogni cosa è stata scelta con cura e buongusto, l'ambiente trasmette una sensazione di armonia.

Agli allievi viene distribuito il testo di un dialogo in inglese con la traduzione a fronte. Ognuno dei partecipanti ha un suo ruolo da interpretare, cambia identità: per esempio, il gruppo degli allievi potrebbe interpretare un team di professionisti (giornalista, medico, cantante, pittore ecc.) che si incontrano a Londra per partecipare a un congresso.

L'insegnante legge e commenta il testo del dialogo. Al termine va a sedersi nella sua poltrona e invita i partecipanti a seguire il testo e la relativa traduzione. Dopo alcuni secondi una voce annuncia dagli altoparlanti la sinfonia di Haydn n. 67 in sol maggiore e n. 68 in re bemolle maggiore. L'insegnante comincia la lettura del dialogo inglese, seguendo le modulazioni della musica: dà quasi l'impressione di voler integrare i suoni della lingua con quelli della sinfonia.

Alla fine di questa lettura, gli allievi chiudono i libri e aspettano in silenzio l'inizio della seduta passiva: ascolto di alcuni concerti nel corso dei quali l'insegnante rilegge il dialogo.

E così si conclude la prima lezione.

Il giorno successivo inizia la fase di utilizzazione del materiale presentato: dopo un breve ripasso della parte, gli allievi rappresentano il loro ruolo, utilizzando i dialoghi indicati il giorno precedente. Si lasciano andare all'improvvisazione di domande o indovinelli, sempre utilizzando le parole apprese. L'insegnante passa da un gruppo all'altro, ascolta, incoraggia col gesto e con la voce anche il più piccolo sforzo di espressione, non corregge gli errori direttamente ma riformula la frase, con dolcezza e naturalezza. L'importante è far sperimentare a ciascuno il piacere di esprimersi.

Al termine delle cinque settimane di corso (quattro ore al giorno) si sono imparati comunque da milleottocento a duemila vocaboli e le strutture grammaticali di una nuova lingua. La media di memorizzazione, secondo vari esperimenti condotti per alcuni anni, è del novantatré per cento alla fine di un corso suggestopedico.

## *Proviamo insieme la suggestopedia per le lingue*

I principi su cui si basa il metodo suggestopedico sono i seguenti:

- per imparare bisogna rilassarsi, divertirsi, provare piacere;
- l'emotività, l'inconscio, la musica possono essere nostri alleati nell'apprendimento: ci aiutano a superare il rigore della logica, facilitando il passaggio a una condizione di rilassamento in cui risulta più facile l'accesso all'inconscio;
- cerchiamo di trovare una nostra tecnica di relax, per esempio:
  - occhi chiusi, posizione distesa, una musica adatta in sottofondo;
  - fantasticare su una vacanza, su un incontro, sulla soddisfazione di accorgersi di saper usare la nuova lingua straniera.

Quando ci troviamo in questo stato, ogni informazione che arriva al nostro cervello raggiunge direttamente la memoria a lungo termine. Ecco come possiamo sfruttare l'approccio della suggestopedia.

- Scegliamo un luogo al riparo da qualunque tipo di disturbo sonoro o visivo.

- Mettiamoci in posizione comoda, per esempio su una poltrona regolabile, oppure stendiamoci su un divano o su un letto.
- Accendiamo il registratore o il walkman. A occhi chiusi, abbandoniamoci a un profondo relax.
- Completata questa fase introduttiva di rilassamento, iniziamo l'ascolto della lezione nella lingua che vogliamo studiare.
- A questo punto il cervello è pronto per recepire il contenuto della lezione, e non occorre più compiere grossi sforzi di memorizzazione.

Noteremo subito come l'apprendimento sarà meno faticoso e più efficace e quanto benefico sarà il rilassamento.

## Il "total physical response" di Asher

Risposte fisiche a stimoli linguistici: "Prendi il libro e mettilo nel cassetto; accendi la luce in corridoio, poi chiudi la porta, raccogli il libro dal divano e aprilo a pagina 27". Per lo psicologo statunitense James J. Asher, che ha studiato l'apprendimento nei bambini, l'importante è il coinvolgimento fisico. Richieste troppo gravose, come quella di parlare una lingua prima di sentirsi pronti, non farebbero che ostacolare il processo di apprendimento. Al contrario, il comportamento aggira l'ostacolo: si impara facendo, si parla con il corpo.

Il metodo di Asher è in linea con l'approccio comunicativo: prevalenza accordata alle abilità orali, attenzione alla comprensione nell'ascolto, comunicazione non verbale da affiancare a quella linguistica

## La "community language learning" di Curran

Comodamente seduti in poltrona, gli allievi discutono nella loro lingua su un bisogno comunicativo, concordano un aspetto da affrontare, chiedono all'insegnante di "consigliarli" e questi traduce in lingua straniera quanto gli studenti vogliono dire.

Fa registrare e ripetere quanto dicono, fornendo le spiegazioni che vengono richieste sui suoni, le parole, la grammatica. Quindi gli allievi si raccolgono in silenzio, meditando su quanto hanno ascoltato.

Si procede così di volta in volta senza una programmazione sui contenuti, i materiali, le situazioni. "Sono i gruppi di allievi a scegliere i bisogni linguistici che vogliono soddisfare", dice Christopher Curran, lo psicologo gesuita statunitense che ha adottato questo metodo.

In pratica non fa che trasporre principi e metodi mutuati dalla psicoanalisi degli anni Sessanta alla pedagogia. L'insegnante diventa così un "consigliere" (*counselor*) che viene "noleggiato" (*hired*) dall'allievo. È quest'ultimo il centro dell'interesse di Curran. L'insegnante consigliere si adopera, stando dietro al gruppo, a eliminare ogni ansia, competitività, insicurezza, blocco all'apprendimento.

L'allievo, seduto in poltrona, con l'insegnante consigliere alle spalle (proprio come lo psicoanalista), ritrova se stesso e apprende.

Questo metodo ha portato alla nascita nell'Illinois di una "catena" di Counseling Learning Institutes, che non sembrano tener conto degli sviluppi della glottodidattica: tutta la loro attività è basata sulla traduzione dalla lingua materna alla lingua straniera.

# I metodi di matrice psicolinguistica

## Il "natural approach" di Krashen

È un metodo legato al nome di Stephen D. Krashen e di Tracy Terrell dell'Università della Southern California. Il loro approccio si basa su cinque ipotesi e quattro variabili.

**1**. Distinzione tra acquisizione e apprendimento.
L'acquisizione, processo simile a quello che si verifica nella madrelingua, fornisce una competenza inconscia, concretizzata nel fatto che "sentiamo" quando una frase è corretta, quando "suona" bene.
L'apprendimento è invece un processo conscio, offre una competenza *sull'*uso, non *d'*uso come l'acquisizione. Ne consegue che la correzione degli errori influisce sull'apprendimento ma non sull'acquisizione.

**2**. Ipotesi dell'ordine naturale.
Secondo Krashen, il fatto che, qualunque sia l'ordine in cui vengono insegnate, le strutture grammaticali vengono acquisite secondo un ordine prestabilito, "naturale", che è possibile studiare e scoprire, è una delle "più eccitanti scoperte nella ricerca sull'acquisizione linguistica". Le strutture presentate prima del tempo possono essere "apprese", ma non "acquisite".

**3**. L'ipotesi del "monitor".
La produzione di lingua è regolata dalla competenza acquisita (cioè quella di "uso della lingua"), non dalla competenza

appresa. L'apprendimento si trasforma dunque in un meccanismo di controllo (monitor) che verifica la correttezza (grammaticale, situazionale ecc.) di quanto prodotto dalla competenza acquisita in maniera inconscia.

Alcune persone hanno un sistema di monitoraggio molto efficiente, altre lo hanno minimale. Quando ci esprimiamo in una lingua straniera il monitor, per quanto raffinato, non viene utilizzato: sia per mancanza di tempo (il monitoraggio rallenta l'esecuzione del linguaggio), sia perché non sempre la conoscenza delle regole è tale da consentire un monitoraggio adeguato, sia infine perché nella vita reale conta l'efficacia della comunicazione, al di là della correttezza formale.

**4**. L'ipotesi dell'input.
Supponendo che la nostra competenza linguistica a un dato momento sia pari all'input assimilato (che chiameremo *i*), il passaggio al gradino successivo *i+1* può avvenire solo offrendo un input che abbia una particolare caratteristica: deve essere comprensibile nel suo significato globale, e questo è possibile solo se si trova in una situazione di effettiva comunicazione.

**5**. Il filtro affettivo.
Perché il "meccanismo di acquisizione linguistica" (Lad: *Language Acquisition Device*) possa operare, cioè perché riesca a individuare, fra i dati disponibili, gli elementi utili di *i+1*, occorre una condizione: che il cosiddetto filtro affettivo, cioè il meccanismo di autodifesa dell'individuo, non sia inserito. Secondo questa ipotesi, lo stress, l'ansia o l'eccessiva difficoltà dell'input inseriscono il filtro affettivo, per cui si interrompe il collegamento tra input, Lad e competenza linguistica acquisita.

Corollario di questa impostazione è la "regola del dimenticare": se lo studente riesce a dimenticare che sta apprendendo/acquisendo una lingua straniera e riesce a concentrarsi sul significato dell'input che riceve e sulla necessità di comunicare, allora il filtro affettivo sarà disinserito e il "meccanismo di acquisizione linguistica" sarà in funzione.

Altro corollario. Parlare una lingua straniera è un'attività talmente complessa (anche perché si svolge in tempo reale, a differenza della produzione scritta) che il filtro affettivo si inserisce immancabilmente a ogni richiesta del tipo "rispondi", "continua tu", "dimmi cosa ne pensi", "cosa faresti?" ecc.

Dal momento che l'acquisizione del linguaggio può avvenire solo in assenza di filtri che blocchino il Lad, e poiché è all'acquisizione che si mira, ne consegue che l'abilità di parlare verrà curata solo in un secondo momento: quando spontaneamente lo studente si sentirà in grado di farlo, perché ha dimenticato di stare imparando e non avrà alcun timore di incorrere in brutte figure ecc.

"Il parlare emergerà in seguito", continua a ripetere Krashen nelle sue conferenze; inoltre ha scritto, provocando molte critiche, che "si può acquisire competenza in una lingua senza averla mai prodotta."

Per Krashen, nel processo di acquisizione linguistica intervengono anche quattro variabili:

**1**. l'insegnamento della lingua in classe è utile purché non conduca all'inserimento del filtro affettivo;

**2**. la pura esposizione alla lingua, non ne garantisce l'acquisizione: la lunghezza del periodo trascorso nel Paese della lingua da apprendere e l'intensità del suo uso in attività extrascolastiche non sono, oltre un certo limite, fattori significativi. L'acquisizione richiederebbe il rispetto coordinato di tutte e cinque le ipotesi;

**3**. il "meccanismo di acquisizione linguistica" non si offusca con il passare degli anni: i bambini sono in grado di acquisire lingua più velocemente solo nel lungo periodo e se hanno iniziato il loro contatto con la lingua da molto piccoli;

**4**. per molti studiosi l'acculturazione sarebbe una condizione indispensabile per l'apprendimento: per Krashen questo è vero solo per accelerare il processo di pidginizzazione della lingua ma non per la sua acquisizione. Per acquisire la lingua basta il minimo di inculturazione (processo mediante il quale un individuo assimila alla propria cultura dei dati esterni, e quindi anche la lingua), cioè quel tanto che rende comprensibile l'input di nuova lingua (*i+1*) e attiva il "meccanismo di acquisizione linguistica".

## *Esponiamoci alla lingua: qualcosa resterà*

Secondo il "natural approach" di Krashen, gli adulti acquisiscono la lingua per lo più come fanno i bambini, vale a dire attraverso l'esposizione ai suoni linguistici e contemporaneamente alle cose e ai significati rappresentati dai suoni.
Durante questo periodo di esposizione:

- il "meccanismo di acquisizione linguistica" (Lad) seleziona elementi da ogni tipo di dati linguistici e non linguistici che arrivano alla mente;
- questo processo di selezione incrementa la competenza acquisita;
- c'è una fase di silenzio fra il tempo della prima esposizione alla lingua e il momento in cui si riesce a riprodurla;
- la competenza acquisita si sviluppa solo gradualmente;
- i primi tentativi di usare la lingua sono ancora un'approssimazione rispetto al modo di parlare dell'adulto;
- col crescere della competenza linguistica acquisita, diventa più consistente la produzione linguistica grazie agli stimoli dell'ambiente;
- il processo di acquisizione diventa tanto più veloce quanto meno c'è ansia o distrazione;
- negli adulti l'acquisizione è più efficace quando sono esposti a forme linguistiche che sono contemporaneamente comprensibili, ma che vanno anche un po' oltre a quanto sono già in grado di produrre;
- non è necessario imparare regole, liste di vocaboli, o concentrarsi su un punto alla volta; addirittura può essere controproducente; a ogni modo non porta all'acquisizione di competenze, unica fonte di produzione spontanea della lingua.

# I metodi psicofonici

## "Apriamo bene le orecchie", dice Tomatis

Ascoltare l'inglese come lo ascolta un inglese, ascoltare l'arabo come lo ascolta un arabo, ascoltare il giapponese come lo ascolta un nativo di Tokyo e così via. Si impara una lingua udendola e ascoltandola "correttamente". Sembra una constatazione banale, ma non lo è. Alfred Tomatis, un otorinolaringoiatra francese, specialista in problemi dell'audizione, del linguaggio e della comunicazione ha messo a punto un metodo per integrare le lingue straniere, basato sul miglioramento delle capacità di ascolto.

"Non serve a nulla fare imparare una lingua a un soggetto che non l'ascolta o la percepisce in modo confuso" dice Tomatis. "La voce emette solo i suoni che l'orecchio percepisce. E anche se ogni sistema neurouditivo è abituato a cogliere soprattutto le frequenze della propria lingua madre, può essere condotto a percepire anche frequenze caratteristiche di una nuova lingua nella quale desidera comunicare." Secondo lo studioso francese, a ogni regione, a ogni nazionalità non corrisponde soltanto un dialetto, una lingua, ma anche una modalità di ascolto ben precisa.

Gli apparecchi chiamati "orecchi elettronici a effetto Tomatis" permettono agli studenti di parlare correttamente la lingua studiata fino a integrarla, cioè fino a percepirne le frequenze, il ritmo e la particolare melodia.

"Possedere una lingua che si decide di assorbire significa

farne uso fino a potersi esprimere, sino a pensare, sino a esistere attraverso di essa", precisa lo studioso francese. "Attualmente si insegna prima la fonetica e poi la grammatica di una lingua. Bisogna invece iniziare dall'ascolto della lingua nella consapevolezza che, mentre i suoni di una lingua vocalistica come il francese si esprimono tra mille e duemila hertz e quelli di una lingua consonantica come l'italiano tra duemila e quattromila, quelli dell'inglese raggiungono i quindicimila hertz rendendo difficile la comprensione."

Tre sono le leggi fondamentali del metodo Tomatis, promosso in Italia dalla società Diapason (vedi indirizzo completo in Appendice):

- La voce riproduce solo quanto l'orecchio sente.
- Se si dà all'orecchio leso la possibilità di udire correttamente le frequenze perse o compromesse, queste vengono istantaneamente e inconsciamente ristabilite nell'emissione vocale.
- La stimolazione uditiva effettuata per un tempo determinato modifica – per fenomeno di persistenza – la postura di autoascolto del soggetto e, di conseguenza, la sua fonazione.

Il metodo psicofonico di Tomatis ha come scopo quello di "integrare" una lingua, nel senso che si propone di renderla *ad integrum*.

"Così come il pianista deve esercitarsi a riprodurre un pezzo musicale globalmente, automaticamente, come un tutto che non si scompone più, allo stesso modo lo studente di lingua straniera deve arrivare a sentire e riprodurre globalmente e inconsciamente, senza analizzarli e scomporli, con il loro ritmo e le loro intonazioni, i gruppi sonori che all'inizio gli sono estranei e spesso in contrasto con i propri riflessi linguistici."

Ma cosa significa udire correttamente? Non si è sordi perché non si è portati a imparare l'inglese. Tuttavia, dice Tomatis, bisogna rassegnarsi ad ammettere che, in questo caso, si è elettivamente sordi all'inglese.

Il nostro sistema uditivo, spiega lo studioso francese, è condizionato dall'ambiente etnico, il che significa che restiamo insensibili alle intonazioni, alle variazioni sonore a cui non siamo abitualmente sottoposti. La soluzione è quella di "forzare" l'orecchio a sentire ciò che non ode naturalmente, e questo si può fare solo con il sussidio di dispositivi artificiali. Modificando l'udito di una persona, insegnandole ad ascoltare in modo diverso da quello al quale è stata abituata dalla sua lingua madre, si sollecita un nuovo modo di parlare, caratteristico della lingua da studiare.

In definitiva, parlare è ascoltare: parlare in una data maniera è ascoltare in una data maniera.

## Una ginnastica per l'orecchio

Per allenare ed educare l'orecchio a percepire correttamente tutti i suoni della lingua che si desidera integrare, Alfred Tomatis ha messo a punto uno speciale "orecchio elettronico", cioè un simulatore, un modello dell'orecchio umano.

Il funzionamento è relativamente semplice. Una o più persone vengono collegate a un'apparecchiatura elettronica che riproduce, in modo filtrato, suoni di particolari musiche, per esempio quelle di Mozart o quelle tratte dai canti gregoriani. Questi suoni costringono le parti interne ed esterne dell'orecchio a una vera e propria ginnastica. In questo esercizio viene coinvolto l'intero apparato neurologico, che rende il soggetto più disponibile a ogni tipo di comprensione. Quindi, sulla base delle indicazioni ottenute tramite un test iniziale d'ascolto, viene svolto un programma di formazione: l'orecchio viene stimolato a percepire le frequenze richieste e i suoni propri delle lingua da apprendere.

La fase successiva comprende esercitazioni attive, con l'ascolto della propria voce in cuffia, per riconoscere e correggere errori e incertezze.

La fase finale prevede sessioni di conversazione tenute tramite collegamento con l'"orecchio elettronico".

## *Una doccia o un torrente di suoni*

Non ci sono alternative all'ascolto di una lingua, per impararla. Occorre ascoltare il maggior tempo possibile. Ascoltare in modo selettivo può essere una tecnica efficace nel nostro instancabile ascolto di cassette registrate di lingue straniere. Ecco qualche suggerimento ispirato al metodo psicofonico.

Ascoltiamo prestando attenzione, una prima volta, al modo di parlare; una seconda volta, al tono di voce; una terza volta, alla scorrevolezza del discorso, e le volte successive alla qualità delle parole e alla melodia delle frasi.

Lasciamoci invadere dai suoni della lingua, dal loro ritmo, timbro, articolazione. Facciamo in modo di accogliere completamente in noi le vibrazioni sonore: fermiamo il registratore e riascoltiamo un suono, un parola, una frase fino a quando non lo sentiremo "nostro".

Decidiamo di concentrarci sul suono, non sul significato.

# I metodi mnemonici

Nei corsi sulle mnemotecniche, da molti anni ormai organizzati in molte città d'Italia, una parte è sempre dedicata alla memorizzazione dei vocaboli di lingue straniere. Negli Usa, Harry Lorayne è stato uno dei primi divulgatori di una tecnica divertente, basata sulle associazioni mentali e sulla visualizzazione, che accende l'entusiasmo di chi si esercita a usarla.

Lo scopo del metodo è quello di riuscire a memorizzare cinque, dieci, venti, cinquanta o anche cento parole al giorno. Non poniamoci ora il problema se conoscere a memoria tante parole ci metta o no in condizioni di saperle usare al momento opportuno. È più facile che ci serva a riconoscerle quando le troviamo scritte. A ogni modo, sviluppare una buona memoria è sempre positivo nell'apprendimento linguistico in età adulta.

Ciò che occorre, secondo la tecnica insegnata da Lorayne, è anzitutto liberare la fantasia, far funzionare l'emisfero destro del cervello, quello dell'immaginazione, dei suoni, della creatività, dei colori, dell'arte.

## Un ponte tra due montagne di parole

Ecco in che cosa consiste l'espediente delle parole-ponte, una delle mnemotecniche presentate da Lorayne.

Se vogliamo memorizzare il significato di una parola straniera non dobbiamo fare altro che:

**1**. apprendere la pronuncia esatta del vocabolo che occorre ricordare;

**2**. trasformare il suono di quel vocabolo (attenzione quindi alla corretta pronuncia) in una parola italiana di suono simile. Questa parola, visualizzata vivacemente, deve essere tale da condurci direttamente al significato del termine straniero da ricordare. Deve costituire cioè una sorta di "ponte" tra la parola di partenza (quella straniera) e quella di arrivo (il significato).

Non ci sono altre indicazioni: il termine prescelto deve nascere dalla creatività e dalla fantasia di ciascuno.

L'immagine evocata, per colpire la memoria, deve avere le caratteristiche richieste dalle regole della mnemotecnica:

- deve coinvolgere più sensi;
- deve essere il più possibile vicina alla nostra esperienza reale;
- deve essere ricca di particolari;
- deve essere in movimento e produrre azioni;
- possibilmente deve essere tridimensionale.

Occorre anche tenere presente che:

- si ricordano meglio le immagini buffe, assurde, insolite...;
- le immagini possono essere evocate da parole onomatopeiche, storpiature dialettali, sostituzioni di consonanti, deformazioni sillabiche ecc.

A questo punto può essere utile fornire qualche esempio dell'applicazione di questa tecnica alla memorizzazione di parole straniere.

*Der Rauch* significa "fumo" in tedesco. Immaginerò di sentirmi la voce "rauca", molto "rauca" per il fumo di questa stanza dove sto lavorando. Immaginerò la mia voce che diventa rauca, cavernosa tanto da spaventarmi perché vedo addirittura il fumo uscire dalla mia gola come da una caverna, mentre la voce assume inquietanti risonanze ecc. Dunque: *Rauch*, voce "rauca" per il "fumo". *Rauch* è la parola di partenza; "rauca" è la parola-ponte; "fumo" la parola di arrivo.

Altro esempio. *Heavy* in inglese significa "pesante". Posso immaginarmi la seguente scenetta: c'è un passante che con aria canzonatoria grida "eh vi(a), eh vi(a)" a una persona che non riesce a sollevare la propria valigia perché troppo "pesante". "Eh vi(a), eh vi(a), dia qui a me; vedrà come si fa ad alzarla." Ci prova e non riesce a spostarla di un millimetro. "Pesante, eh? Eh vi(a), eh vi(a)" ride il proprietario snobbando il suo aiutante. Dunque: *heavy*, eh vi(a), "pesante".

Un esempio dal russo: *kniga* significa "libro". Vedo questo libro che "anniga" e dietro lui una serie infinita di libri che "anniga-no", risucchiati dalle acque. *Kniga*, "an-niga", "libro".

Ora dall'arabo: *qitàr* significa "treno". Immagino un treno con le pareti fatte di "chitarre": a ogni movimento del treno e dei passeggeri è tutto un assordante vibrare di corde di "chitarre". *Qitàr*, "chitarra", "treno".

Dal cinese: *péngyou* significa "amico". Immagino di parlare con un mio amico: "Sei un panghio-ttone, amico. Lasciatelo dire: sei un amico panghio-ttone". *Péngyou*, "panghio-ttone", "amico".

E adesso continuate voi. Buon divertimento!

# I metodi commerciali

Alcune metodologie di insegnamento e apprendimento delle lingue si sono conquistate con il tempo una fama mondiale. I loro creatori e divulgatori sono stati dei pionieri nell'aprire nuove strade allo studio delle lingue e nell'assistenza didattica agli studenti. Berlitz e Shenker sono certamente i marchi più noti.

## Il metodo Berlitz

Forse è il metodo divenuto più noto al mondo attraverso la capillare organizzazione The Berlitz Language Centers.

Al tedesco Maximilian D. Berlitz, insegnante di greco, latino e di sei altre lingue europee a Providence, nel Rode Island (Usa), fu un piccolo disguido a dare la grande idea. Avendo bisogno di un insegnante di francese per la sua scuola, assunse Nicholas Joly che aveva un ottimo curriculum. Quando Joly arrivò a Providence, Berlitz, che nel frattempo si era ammalato, scoprì che il suo nuovo docente non sapeva una parola di inglese. Per superare l'emergenza Berlitz gli suggerì di insegnare tentando l'associazione dei nomi agli aggettivi e mimando i verbi come meglio poteva. Quando Berlitz, ristabilitosi, tornò in classe trovò che gli allievi avevano fatto progressi maggiori di quelli raggiungibili con il metodo tradizionale. Si convinse subito che quella fortuita misura d'emergenza poteva avere inaugurato un'innovativa tecnica di insegnamento.

Si dedicò quindi all'elaborazione di quel sistema di insegnamento delle lingue che è ancora alla base degli attuali corsi Berlitz in tutto il mondo.

I principi a cui si ispirò erano molto semplici. In classe si doveva parlare solo nella lingua da imparare, cominciando dal saluto dell'insegnante. L'enfasi era posta sulla conversazione, gli studenti potevano leggere e scrivere solo ciò che avevano imparato a dire e a capire. Niente spiegazioni grammaticali ma un apprendimento naturale della grammatica attraverso l'uso della lingua. Invece di tradurre, gli studenti dovevano imparare a pensare direttamente nella nuova lingua, associando parole nuove con oggetti e idee.

Sono ancora oggi questi gli elementi centrali dell'insegnamento linguistico della Berlitz, che si è poi arricchito e modernizzato tenendo conto degli sviluppi della tecnologia. Verso la fine degli anni Sessanta, agli elementi-base si è aggiunto il materiale multimedia composto da un libro di testo e sei audiocassette per ciascuna categoria di comprensione della lingua. Inizialmente sviluppato per inglese, spagnolo, francese, tedesco e italiano, il materiale multimedia è oggi disponibile anche per altre lingue tra cui il portoghese, il giapponese, il cinese, il russo, l'olandese, l'arabo e il greco.

Obbiettivo ultimo dell'insegnamento Berlitz è che gli studenti imparino a *pensare* nella nuova lingua. A questa finalità risponde la struttura delle quattro categorie (principiante, intermedio, professionale, avanzato) e degli otto livelli proposti dal metodo.

## Il metodo Shenker

Fu ideato all'inizio degli anni Cinquanta da George Shenker, poliglotta, scrittore, inventore, fisico e uomo d'affari. Dopo la seconda guerra mondiale, Shenker era stato responsabile del dipartimento linguistico di Roma per l'insegnamento della lingua inglese a migliaia di profughi di varie nazionalità.

Il suo primo corso istituzionale venne organizzato per il personale della Nato. Successivamente applicò il suo metodo al mondo dell'industria e degli affari. Infine, aprì scuole nei maggiori centri industriali italiani.

Fin dall'inizio il metodo Shenker si è presentato come un corso di insegnamento programmato basato sulla tecnica "ascolta e impara". Il principio fondamentale è che le lingue sono anzitutto dei mezzi di comunicazione: viene data quindi la massima importanza alla comprensione e alla capacità di esprimersi.

Considerato subito un metodo innovativo, lo Shenker continua a essere noto come uno dei più razionali, rapidi e sicuri per l'apprendimento dell'inglese. Si basa sul continuo allenamento e sulla pratica. È oggi impostato sull'ascolto di cassette, l'unico strumento che consenta la ripetizione completa di qualsiasi argomento per il numero di volte desiderato. Con questo metodo viene personalizzato lo studio secondo le esigenze di ogni singolo studente.

Una lezione incisa comprende sia una conversazione, o scenetta recitata da attori inglesi e americani, sia una parte esplicativa introdotta da diversi insegnanti. Questa comprende nel suo insieme l'intero svolgimento della grammatica inglese, un corso sugli *idioms*, esercizi speciali sulla pronuncia, traduzioni simultanee, dettati, domande e risposte, test ecc.

Il compito dello studente sarà quello di ascoltare la lezione più volte seguendola su appositi libri: dovrà ripetere le frasi dopo gli speaker, rispondendo alle loro domande e seguendo gli esercizi di pronuncia e di comprensione dell'inglese parlato.

Ogni lezione del metodo Shenker rappresenta effettivamente un programma di studio completo che comprende l'ascolto e la rielaborazione di quattro nuove incisioni, un colloquio con l'insegnante e la verifica mediante una prova scritta e una orale.

Il metodo comprende cento lezioni, oltre le quattro introduttive di fonetica. A seconda del suo livello di conoscenza della lingua, dopo un breve test di verifica allo studente viene assegnata una delle cento lezioni, a loro volta divise in quattro corsi di venticinque lezioni ciascuno.

Alla venticinquesima lezione possederà un vocabolario di circa duemilacinquecento parole; alla cinquantesima, un vocabolario di cinquemila parole.

Chi deve basare la sua attività professionale su una conoscenza più approfondita, dovrà proseguire fino alla lezione numero settantacinque o alla numero cento.

Il metodo richiede una forte motivazione e una grande volontà da parte dello studente, che deve saper gestire in modo autonomo il tempo di studio e superare un esame dopo ogni piccolo gruppo di lezioni ascoltate. Un insegnante, o meglio uno *student counselor*, è a disposizione, in orari prestabiliti, per effettuare verifiche e ripassi, oltre che fornire spiegazioni e consigli.

Quarta parte

# COME CREARSI IL PROPRIO AMBIENTE LINGUISTICO

# Gli audiovisivi

## Lingue in cuffia

Non c'è metodo più utile: ascoltare continuamente, senza stancarsi mai. La lingua è anzitutto un fatto sonoro, e solo in un secondo momento diventa qualcosa di visivo. Da bambini abbiamo imparato a parlare ascoltando per anni; e solo dopo i tre anni è giunto il momento della scrittura. Da adulti abbiamo bisogno di imparare più velocemente: dobbiamo esporci volontariamente a una nuova lingua.

Grazie alle audiocassette, strumenti indispensabili all'autoapprendimento, decidiamo quanto, quando e dove ascoltare una lingua straniera. Ciò che ci occorre è un walkman con cuffia e audiocassette di buona qualità. Più tempo stiamo in cuffia ad ascoltare e più in fretta impareremo le lingue. Certo, sarà necessario anche studiare la grammatica, ma lo stimolo fondamentale è il suono, le parole, la musica, le tonalità della lingua.

Niente sforzi mnemonici, dunque: abbandoniamoci ai suoni: arriverà poi un momento in cui riusciremo a capire qualche parola qua e là; in seguito capiremo molto di più, e se anche non comprenderemo il significato esatto, saremo tuttavia in grado di intuirlo dal contesto. Nel frattempo l'inconscio assorbirà la lingua, lasciandosi attirare dalla diversità dei suoni; e presto saremo in grado di riprodurre quei suoni come fanno i bambini: esagerandoli, storpiandoli, cantandoli. Sono tutti esercizi che possiamo fare anche noi.

## Tecniche di ascolto

Possiamo ascoltare le cassette in diversi modi. Vediamo quali.

### *Tecnica tipo laboratorio linguistico*

Ascoltiamo una parola, o una frase; poi fermiamo il registratore e la ripetiamo. Questo accorgimento va bene per lezioni di fonetica o per brani corti.

### *Dettato*

Ascoltiamo una frase, fermiamo il registratore e la scriviamo. Alla fine riascoltiamo il tutto, controllando quanto abbiamo scritto.

### *Memorizzazione*

Alcune volte al giorno, tutti i giorni, ascoltiamo la registrazione di un breve racconto o di un dialogo. Dopo circa una settimana ci accorgeremo con stupore di averlo perfettamente memorizzato, pronuncia, ritmo, accento e intonazione compresi. Limitandoci alla lettura del testo avremmo impiegato più tempo senza assorbire automaticamente la pronuncia.

### *Ascolto rilassato*

Registratore acceso, cuffia o auricolare inseriti per ascoltare camminando, in treno, in autobus: ogni momento è buono per assorbire suoni. Anche quando si è stanchi o si sta facendo dell'altro (come sfogliare una rivista, farsi la barba, sonnecchiare sdraiati sul divano, fare piccoli lavori in casa ecc.), l'ascolto distratto agisce comunque sull'inconscio. L'apprendimento subliminale, quello che avviene al di sotto o al di fuori del nostro livello di coscienza vigile, fa parte dell'esperienza di tutti i giorni. Tutto ciò che colpisce i nostri sensi, anche se non ne siamo completamente coscienti, viene elaborato dall'inconscio e riemerge nei momenti in cui ci serve.

## Cosa ascoltare

### *Per l'inglese*

Nelle grandi librerie internazionali, o comunque in quelle dove esiste un reparto "lingue e letterature straniere", non c'è che l'imbarazzo della scelta. Spesso il personale della libreria è in grado di consigliarvi sul corso in cassette che fa per voi. Dovrebbe essere sufficiente che gli forniate alcune informazioni basilari quali: da che livello partite, che uso dovete fare della lingua straniera (per scrivere, per telefonare, per parlare) e quale professione svolgete. Sul mercato si trova infatti una gran varietà di corsi, che vanno da quelli per principianti o falsi principianti, fino a quelli preparatori agli esami Cambridge, Toefl (*Test of English as a Foreign Language*), Gmat (*Graduate Management Admission Test*). Ma troverete anche corsi di Telephon English, Business English, o quelli per giornalisti, medici, scienziati, scrittori ecc.

Tra i più recenti si annoverano i seguenti:

- *L'inglese con Berlitz* (edizione Berlitz-Curcio), corso di base interattivo con audio e video. È formato da novantasei dispense, quarantotto audiocassette, quindici videocassette. Si tratta di dispense settimanali vendute in edicola che offrono una guida completa alla struttura grammaticale e al vocabolario, secondo l'approccio tipico del metodo Berlitz: concretezza, precedenza al parlato, sviluppo dell'abilità pratica nell'uso della lingua.

- *Family Album Usa* (edizione Nuova Eri-Rai), corso di familiarizzazione interattivo video, basato sull'anglo-americano, composto da ventisei videocassette di un serial televisivo, altrettanti fascicoli e cinque videocassette contenenti film classici in lingua originale con sottotitoli in italiano. Nella prima parte di ogni video vengono presentati tre episodi con relativo commento sugli aspetti linguistici e culturali emersi.

- *L'inglese per te* (edizione De Agostini), corso programmato audioattivo interattivo, composto da novantasei fascicoli, trentadue audiocassette, ventiquattro videocassette con relativo fascicolo, un dizionario italiano-inglese. Si tratta di un programma completo di autoistruzione, con prove di conversazione, dialogo, lettura, scrittura, grammatica, per un totale di mille esercizi e trentadue test di controllo. È corredato di schede di verifica per conseguire l'attestato di fine corso. Le lezioni sono ambientate nella vita inglese, documentata anche con molte fotografie.

- *Shenker for you. Inglese oggi* (edizione Fabbri Editore-Shenker), corso graduale di apprendimento sistematico: ottantuno dispense che si rilegano in tre volumi più un volume di esercizi; ventisette audiocassette; un dizionario; tre audiocassette su cui registrare le proprie prove orali. Il metodo Shenker, applicato nelle scuole che portano questo marchio, si basa sull'autoapprendimento a casa di ogni lezione e sulla successiva verifica con l'insegnante, quando l'allievo si sente pronto. Anche il corso distribuito in edicola si rivolge ad autodidatti: ogni dieci lezioni ci sono esercizi riepilogativi e verifiche orali da incidere. Entrambi si possono inviare alla Shenker dove un insegnante li corregge e dà un giudizio sul livello di apprendimento raggiunto.
- *English Express* (edizione Newton-Media in action), corso multimediale interattivo su videodisco. Diviso in sei moduli di complessità crescente, il corso comprende domande, verifiche linguistiche su sequenze video che vengono corrette o confermate a seconda delle risposte dello studente. Ogni modulo comprende a sua volta unità didattiche e test di controllo. È prevista la registrazione della propria voce per la comparazione attiva della pronuncia. Pensato per le aziende e per le scuole di lingue, il corso con gli accessori previsti dalla struttura multimediale viene offerto anche in leasing: si può cioè noleggiare assieme alla piattaforma operativa e all'assistenza tecnica. Nel costo mensile sono compresi il noleggio dell'intera stazione di lavoro (Pc e letto-

re videodisco), l'installazione e la manutenzione hardware e software.

- *The Canning Tapes* (edizioni The Canning School, Milano). È una raccolta modulare di Business English pensata come supporto ai corsi di inglese per i dirigenti tenuti dalla Canning School. Comprende dodici audiocassette di un'ora distinte in due serie, sei testi di accompagnamento e un manuale. Le cassette vanno usate indipendentemente dal testo. Ascoltando la cassetta e facendo gli esercizi ci si concentra sulla comprensione del parlato e sulla capacità discorsiva. Il testo serve per controllare, consolidare e revisionare ciò che è stato studiato. I dialoghi registrati riguardano: incontri e viaggi d'affari, discussioni telefoniche, incontri sociali.

## Cassette per tutti i gusti e tutte le lingue

Tuttavia, in commercio si trovano corsi integrati (testo più cassette) per diverse lingue oltre all'inglese. Per esempio la casa editrice Assimil ha finora prodotto corsi per ventotto lingue con testo-base in francese, inglese e tedesco.

Come tutti i corsi integrati, anche quelli dell'Assimil sono costituiti da cassette e da un libro; tuttavia, si possono acquistare anche separatamente.

Valida anche la serie di corsi *teach yourself* per oltre trenta lingue, in vendita nelle librerie più fornite delle grandi città.

## Videocassette

Vedere e ascoltare insieme permette di imparare meglio. Dal video trarranno vantaggio soprattutto quanti hanno una memoria visiva, ma tutti comunque abbiamo più facilità nella memorizzazione quando le informazioni ci arrivano da più sensi.

I corsi di lingue in videocassette erano una rarità fino a qualche anno fa. Ora invece si acquistano anche in edicola oltre che nelle librerie specializzate.

Il mensile «Speak up» esce con allegata la videocassetta di film inglesi. *Video English for you* è una serie prodotta da Quality Video De Agostini.

*Follow me,* prodotto dalla Bbc di Londra, è un videocorso venduto nelle librerie.

Per il tedesco abbiamo *Alles Gute,* ventisei episodi in videocassette che riproducono un corso televisivo di tedesco (edizione Langenscheidt-Nuova Eri).

# Grammatiche e vocabolari

Sono le istruzioni per l'uso della lingua, le regole del gioco. Anche se scegliamo l'approccio orale come punto di partenza, a un certo momento dobbiamo renderci conto di come funziona la lingua che stiamo imparando.

Per l'inglese, il francese e il tedesco c'è da perdersi in mezzo alla quantità di opere che vengono sfornate ogni anno. Conviene andare nelle librerie specializzate e specificare il livello e lo scopo della nostra conoscenza linguistica.

Anche lo spagnolo e il portoghese sono lingue sempre più presenti sugli scaffali delle librerie. È del 1991 il *Portugues sem fronteiras,* in tre volumi.

Qualche difficoltà la si può incontrare con le grandi lingue di cultura, anche se ultimamente è aumentato l'interesse per lingue come il russo, l'arabo, il giapponese, il cinese, l'ebraico, e, in seguito alle recenti vicende della Bosnia, il serbocroato.

Forniamo di seguito qualche indicazione più dettagliata.

## *Per l'arabo*

- *Parliamo l'arabo* di Rosaria Zanetel Katrib e Gihad Hassan Katrib, edizione La Garangola, Padova 1987. Contiene duecentocinquanta test, dizionario, schema dei verbi con paradigma; in Appendice, "La lingua e la cultura araba in Italia".

- *Grammatica elementare di arabo* di Laura Veccia Veglieri, edizione Istituto per l'Oriente, Roma 1951. È la più nota delle grammatiche di arabo classico, studiata nelle università di lingue e letterature straniere.
- *Impara l'arabo* di F. Makboul, edizione Centro di cultura araba, Roma, 1985.
- *Grammatica araba e dizionario italiano arabo* di Vito Martini, edizione Cisalpino-Goliardica, Milano 1976 (un *reprint* della Hoepli).
- *Corso d'arabo per le scuole secondarie* di M.G. Dall'Arche, edizione Biblioteca Francescana, Milano 1984, in due volumi: grammatica e dizionario.

*Per il cinese*

- *Grammatica del cinese moderno* di Alessandra Viotti, edizione Cisalpino-Goliardica, Milano 1988. Sono due volumi fondamentali per chi vuole accostarsi a questa lingua.
- *Corso introduttivo di lingua cinese moderna* di M. Abbiati, Libreria editrice Cafoscarina, Venezia 1981. È il testo-base in dotazione all'Università di lingue e letterature orientali di Venezia.
- *Corso introduttivo di lingua cinese classica* di M. Scarpari, Libreria editrice Cafoscarina, Venezia 1981.
- *Sinica, generalità sul verbo cinese* di M. Cervia, edizione Orta San Giulio 1992.

*Per l'ebraico*

- *L'ebraico è facile,* di Elizier Tirkel, edizione Achiasaf (Tel Aviv) e La Giuntina (Firenze), 1990.

*Per il giapponese*

- *Grammatica di giapponese moderno* di Yoko Kubota, edizione Cafoscarina, Venezia 1989.

*Per il greco moderno*

- *Grammatica della lingua greca moderna*, di F. Maspero, edizione Cisalpino-Goliardica, Milano 1976.
- *Sintassi del neogreco*, di Gianni Korinthios, edizione Brenner, Cosenza 1991.

Utilissimi sono inoltre i vocabolarietti tascabili della editrice Valmartina. Ce ne sono per molte lingue tra cui arabo, cinese, danese, olandese, polacco, portoghese, romeno, turco.

# Lingue a fumetti

L'inconscio, l'umorismo, l'immaginazione, il gioco sono alleati preziosi dell'apprendimento. Se abbiamo voglia di imparare sarà divertente leggere fumetti in lingue diverse. Nelle edicole più fornite e in quelle internazionali (anche negli aeroporti e nelle stazioni delle grandi città) potremo scegliere fumetti in inglese, francese, tedesco, spagnolo, e, a volte, anche in arabo.

Per chi vuole esercitarsi con l'inglese c'è poi «English games», il quindicinale di giochi e cruciverba per imparare o migliorare l'inglese.

### Tabelle, liste e cartoncini

Uno dei modi più efficaci per imparare i vocaboli della lingua che stiamo studiando è il seguente.

- Ogni volta che ci imbattiamo in un termine sconosciuto scriverlo su un cartoncino, annotandosi sul lato opposto la traduzione.
- Imparare la parola nel contesto di una frase appropriata. Fare associazioni utilizzando la nostra capacità di visualizzare le parole.
- Conservare i cartoncini scritti in un sacchetto di plastica.
- Estrarne uno alla volta, leggere la parola e cercare di ricordarne il significato (è in questa fase che ci vengono in aiuto le associazioni di immagini fatte con le mnemotecniche di Harry Lorayne).

- Portare con sé il mazzetto di cartoncini in modo da poterli leggere nei momenti morti.
- È sempre preferibile pronunciare ad alta voce, o almeno bisbigliare, le parole che si leggono sui cartoncini. Apprendere una lingua comporta infatti l'intervento simultaneo di mente, vista, parola e udito. Pronunciare la parola e ascoltarla è altrettanto importante che vederla.

Nelle librerie specializzate spesso si trovano in commercio appositi mazzetti di cartoncini con prestampate le parole delle varie lingue. Tuttavia, a noi pare molto più conveniente costruirseli da sé e personalizzarli, per esempio aggiungendo altre informazioni, inserendo la parola nel contesto di una frase interessante, annotando irregolarità ed eccezioni ecc.

# Audiocorsi

## Linguaphone

Ascolti, ripeti e parli: mezz'ora al giorno, per tre mesi. Insomma, in quarantotto ore si può imparare una lingua straniera. È la formula Linguaphone, un metodo commercializzato da La Nuova Lenk-Linguaphone di Milano. Disponibile per oltre trenta lingue (tra cui afrikaans, gallese, hindi, swahili, thai), il kit è composto da alcune cassette e relativo testo, per lo più su base inglese.

Il metodo utilizzato è quello audio-linguale. Si ascolta la voce degli speaker per familiarizzarsi con i suoni, i toni e la pronuncia della nuova lingua. Il testo riporta le nuove parole, i dialoghi, le situazioni, spesso corredate da illustrazioni. Lo speaker invita anche a ripetere parole e intere frasi, di cui provvede a fornire la forma corretta: in questo modo chi ascolta può controllare la precisione della sua pronuncia prima di continuare. L'assiduità dell'ascolto e dell'impegno assicurano risultati soddisfacenti in breve tempo.

Per l'inglese, il francese, il tedesco e lo spagnolo il metodo comprende un corso base (otto cassette), più uno intermedio (quattro cassette) su base italiana.

Per informazioni: La Nuova Lenk-Linguaphone, via Borgospesso 11, Milano, telefono 02/781336.

## Assimil

Già il logo la dice lunga. Si tratta di assimilare una lingua: basta ascoltarla e seguirla poi sul testo nel comodo formato tascabile ben rilegato. È disponibile per ventotto lingue straniere.

Utilissimo anche per chi parte da zero, è un supporto validissimo per chi intende fare da sé: sulla pagina di sinistra è riportato il testo in lingua straniera; sulla pagina di destra quello nella lingua di partenza. Lo studente viene continuamente spronato ad esercitarsi, a ripetere ad alta voce; gli vengono fornite indicazioni grammaticali e sussidi per la pronuncia, basati sulla traslitterazione con l'alfabeto fonetico internazionale.

Ai libri si accompagnano, a richiesta, le relative audiocassette. Volume e cassetta possono essere acquistati anche separatamente.

Ogni libro, composto di trecento-cinquecento pagine a seconda della lingua, è suddiviso in cento-centocinquanta lezioni di difficoltà crescente.

Per informazioni: Assimil, via A. Fabro 6/A, Torino, telefono 011/541977.

# Le lingue giocando

Il "gioco dell'oca", le "carte da gioco", "l'inglese cantando" sono tre recenti prodotti apparsi sul mercato dei sussidi per lo studio delle lingue. Per informazioni: European Language Institute (Eli), casella postale 6, Recanati (Macerata), telefono 071/976465.

Un aiuto ai genitori e agli insegnanti che vogliono far avvicinare i ragazzi allo studio dell'inglese viene anche dalla collana "Libri per ragazzi" della Arnoldo Mondadori Editore. *L'inglese è facile, basta ascoltarlo!* è una proposta originale, elaborata in collaborazione con la Bbc: libri illustrati, storie divertenti, frasi facili e tutte le istruzioni per l'uso all'interno di ciascun volume. Il testo, tutto in inglese, è riprodotto su un'audiocassetta con l'esatta pronuncia e le necessarie spiegazioni.

## Le lingue in discoteca

Cantando si impara. La moda del karaoke si sta rivelando un utile sussidio per la comprensione delle lingue: al posto dell'aula, la discoteca; al posto della prof di inglese, uno schermo gigante su cui scorrono le immagini dei videoclip più celebri. Sulla base musicale originale gli studenti, microfono in mano, sostituiscono la loro voce a quella delle rockstar inglesi o statunitensi, leggendo sul video il testo della canzone. L'idea è di Astrolabio, un'agenzia milanese specializzata in vacanze-studio all'estero, in collaborazione con la discoteca Anestesia di via Varanini 2 a Milano e con i docenti di lingue del liceo scientifico di Pioltello, alle porte della città.

"Ma la lezione non finisce in discoteca", spiega Tiziana Manoia, professoressa di lingue al liceo scientifico Machiavelli di Pioltello. "Il pomeriggio in discoteca viene ripreso da una videocamera. E poi si ripropone in classe il filmato, come una piacevole ripetizione della lezione." Insomma, cantando e ballando si impara.

# Corsi in istituti di lingue

Dal giapponese all'arabo, dal russo al greco moderno, dal serbo-croato al cinese: consultando le "pagine gialle" alla voce "scuole di lingue" possiamo trovare corsi non solo per tutte le lingue ma anche per tutte le esigenze: per non sfigurare tenendo una relazione, per cavarsela al telefono, per non fare strafalcioni nella corrispondenza commerciale, per imparare il linguaggio settoriale. Corsi full time, full immersion, intensivi, semi-intensivi, durante l'intervallo di colazione, al sabato, in un week-end, in vacanza abbinati allo sport.

A differenza di una volta, in questo vasto "supermercato delle lingue" il ruolo dello studente sta diventando più attivo e centrale. Sta crescendo anche in Italia e nelle scuole migliori l'idea di "contratto formativo", sull'esempio di quanto avviene in Francia: insegnanti e studenti sono chiamati a nuove forme di collaborazione, riconoscendo che gli studenti hanno una funzione attiva nella costruzione del proprio percorso formativo. "Contratto" significa che insegnanti e studenti devono chiarire insieme gli obbiettivi da raggiungere; su questi obbiettivi va costruito il consenso; strumenti e supporti vanno scelti in funzione dell'obbiettivo.

Tre dunque sono le regole per orientarsi nella scelta del corso e per utilizzarlo al meglio:

- informarsi sulla serietà della scuola;
- concordare i tempi del corso;
- negoziare i contenuti e la struttura del corso.

## La serietà della scuola

Ecco alcuni criteri per accertarsi che la scuola sia davvero di buon livello professionale.

- Gli insegnanti devono essere di madrelingua, laureati e preferibilmente con una abilitazione all'insegnamento delle lingue. Circola voce che molti di coloro che insegnano nelle scuole private di lingue non abbiano alcun titolo accademico: sarebbe un grave errore perché non basta affatto essere madrelingua per avere capacità di insegnamento. Si racconta di giovani stranieri che si pagano le ferie con un ingaggio come insegnanti in scuole di lingue contattate durante la permanenza in Italia.
- I docenti devono avere un regolare contratto con la scuola e non essere pagati a ore o a prestazione.
- L'autorizzazione del ministero della Pubblica Istruzione, anche se non obbligatoria, resta un altro indice della serietà della scuola.
- Test di ingresso a cui sottoporre gli studenti che si candidano a un corso: le scuole che operano con alti standard professionali dispongono di metodi, test, schemi per chiarire la richiesta del cliente e individuare in modo esatto il suo punto di partenza nell'apprendimento della lingua.
- Meglio rendersi conto di persona anche della disponibilità di biblioteca, laboratori, aule.
- Attenzione ai prezzi: oggi un corso di inglese, francese o tedesco viene a costare in media sessanta-sessantacinquemila lire. Prezzi troppo vantaggiosi dovrebbero far sorgere dei dubbi sulla presenza di tutte le caratteristiche sopra elencate. Non sarebbe male mettersi in contatto con qualcuno che ha gia frequentato il corso e chiedere ulteriori informazioni.

## I tempi

Quanto deve essere lungo un corso per essere efficace? "La struttura ottimale di un corso dovrebbe rendere vicina la fine del corso stesso", dice Andrew Shaw, responsabile della Canning School di Milano, scuola leader nell'insegnamento dell'inglese per manager. "Sapere di impegnarsi tanto, ma per breve tempo, aumenta la motivazione dello studente e la fattibilità del programma corsuale." In effetti, nei corsi lunghi le defezioni si notano facilmente. Dopo due, tre mesi di un corso serale, la stanchezza, la sensazione di non farcela incominciano inconsciamente a farsi strada. Alla prima difficoltà (per il lavoro, gli impegni familiari ecc.) è forte il rischio di lasciare il corso, magari con l'idea di proseguire da soli.

Per quanto riguarda la durata di un corso le soluzioni più efficaci sono:

**1.** corso bisettimanale, individuale, a tempo pieno;
**2.** corso bisettimanale, in un piccolo gruppo, a tempo pieno;
**3.** corso di tre ore al giorno, per cinque o sei giorni alla settimana per un mese

## Il programma

Nelle scuole migliori, non è lo studente che deve adattarsi alla scuola, ma la scuola che deve soddisfare le esigenze linguistiche dello studente. Il contenuto del corso deve tener conto di quali abilità siete interessati a sviluppare, visto che siete voi (o l'azienda) a pagare. L'impiegato di banca che si trova in difficoltà di fronte ai turisti che devono cambiare valuta non può certo sprecare delle lezioni, e quindi dei soldi, a discutere del clima o a descrivere il gatto che è "*on or under the table*".

La taratura del programma sui bisogni specifici dello studente coinvolge le risorse di esperienza e di documentazione della scuola. La Regent School, per esempio, una scuola di inglese aderente all'Aisli (Associazione italiana scuole di lingua inglese), dispone di un suo piccolo centro di documentazione che copre circa centoventi soggetti o situazioni che vanno alfabeticamente da *account, advertising*, fino a *travel, wholesaling*. Sotto queste voci sono catalogati libri, riviste, materiale didattico utile per la stesura del programma. Ma il cliente stesso, che sia l'azienda o lo studente o il professionista, possono contribuirvi, fornendo proprio materiale.

Proliferano così i corsi di inglese (francese, tedesco, spagnolo, russo) *for specific purposes*, cioè cicli di lezioni su linguaggi specifici (amministrativo, commerciale, tecnico, per manager, segretarie, giornalisti, medici, piloti ecc.). Anche questa è una conferma che, nel campo linguistico, sulle motivazioni culturali prevalgono quelle più pragmatiche della carriera.

# Le maggiori catene di scuole di lingue

## Inlingua School of Languages

Fondata nel 1968 a Berna, con ventitré sedi in Italia e duecento all'estero, è all'avanguardia fra le organizzazioni internazionali del settore.

La filosofia che la ispira si basa su alcuni principi: metodo diretto, massima partecipazione dell'allievo, utilizzo della lingua orale, priorità delle strutture linguistiche rispetto alle singole parole, attenzione alla correttezza delle frasi, valutazione della conoscenza linguistica a scopo diagnostico, priorità all'induzione, alla creatività nella produzione linguistica, alla psicologia dello studente, approccio strutturale-funzionale.

Il materiale didattico (libri, cassette, diapositive) è esclusivo. Organizza corsi individuali e collettivi con un ampio ventaglio di formule molto elastiche e adattabili a ogni singolo caso.

Le lingue insegnate sono: inglese, francese, tedesco, spagnolo, portoghese, russo, arabo, giapponese.

## Oxford Institutes italiani

Sono trentatré istituti che offrono vari tipi di corsi. Il marchio garantisce: insegnanti di madrelingua, serietà nella preparazione pedagogica e lunga esperienza nell'insegnamento linguistico. Laboratorio linguistico, moderni strumenti audiovisivi e sussidi didattici selezionati si affiancano al metodo didattico basato sullo sviluppo delle abilità orali.

In molti centri funziona un *social club* che organizza attività

ricreative con dibattiti, conferenze e proiezioni cinematografiche. Gli Oxford Institutes organizzano anche soggiorni all'estero e viaggi-studio a prezzi particolarmente vantaggiosi.
Lingue insegnate: inglese, francese, tedesco, spagnolo.

### Berlitz Language Centres

Dalle loro cinque sedi, insegnanti madrelingua, abilitati a questo scopo, utilizzano il metodo diretto Berlitz: sviluppare le capacità nella comprensione, nella conversazione, nella lettura e nella scrittura. La priorità viene data fin dal principio alla conversazione, in quanto una conoscenza attiva della lingua parlata è più importante e più difficile da raggiungere di una conoscenza passiva, acquisita con la lettura. Obbiettivo finale dell'insegnamento nelle scuole Berlitz è quello di mettere lo studente in condizione di *pensare* nella nuova lingua.
Varie sono le formule dei corsi: *total immersion*, corsi individuali, corsi *charter* (per aziende con gruppi di impiegati con bisogni linguistici simili), *semi private group*, gruppi club.
Lingue insegnate: inglese, francese, tedesco, spagnolo, arabo, portoghese e, a richiesta, lingue slave, orientali e africane.

### Wall Street Institute

Comprende una cinquantina di scuole con ingresso libero dalle 9 alle 21 di ogni giorno per chi non può permettersi vincoli di orario. Ma l'istituto offre programmi di ogni tipo, programmi intensivi di *full immersion* e corsi aziendali. Tra i supporti didattici: laboratorio con computer, videotape e, in alcune sedi, biblioteche aggiornate.
Lingue insegnate: inglese, francese, tedesco e spagnolo.

### British Council

Con sedi a Milano, Roma, Napoli, (vedi indirizzi in Appendice), opera in Italia dal 1951 in seguito a un accordo culturale firmato dai governi britannico e italiano. L'attività di questo "Ente britannico per gli scambi culturali tra Gran Bretagna e Italia" non si limita all'organizzazione di corsi di inglese a tutti i livelli. Spazia anche nel campo dell'istruzione (aggiornamento degli insegnanti di inglese), della scienza, della cultura fino a interessarsi, in collaborazione con il ministero degli Affari Esteri, degli scambi di studenti tra i due Paesi. Chiunque può inoltre consultare le biblioteche annesse che raccolgono oltre settantamila volumi.

## Scuole Aisli

Fondata nel 1979 con il sostegno del British Council, l'Aisli (Associazione italiana scuole per la lingua inglese) raggruppa ventitré istituti in tutta Italia. La sua funzione è garantire la qualità dell'insegnamento dell'inglese: frequenti e severi controlli assicurano che lo standard professionale sia di ottimo livello, che i docenti siano tutti madrelingua, laureati, abilitati attraverso corsi specifici e regolarmente assunti secondo le disposizioni della legge italiana.

Le scuole aderenti all'Aisli sono, in genere, fornite di laboratori, materiale video e, spesso, nei centri maggiori, anche di biblioteche.

## Accademia Britannica-International House

Nata nel 1960 a Londra, annovera venti scuole di inglese in Italia e circa novanta nel mondo. Tutti i suoi insegnanti, madrelingua e laureati, vengono formati attraverso speciali corsi e tirocini.

Il metodo di insegnamento si basa sull'ascolto e sulla conversazione. Supporti all'insegnamento sono nastri, canzoni, giochi, giornali e riviste di attualità, oltre ad attrezzature ausiliarie come audiovisivi e computer. La sede di Roma è fornita anche di *self-study centre*.

## British School

Rappresenta uno dei maggiori gruppi di scuole specializzate nell'insegnamento esclusivo dell'inglese. Fondata a Milano nel 1951, comprende oggi vari istituti, gemellati con le Bells School presenti nelle principali città della Gran Bretagna.

Esclusiva di questo marchio sono anche i libri di testo concepiti per studenti italiani.

I corsi sono di tutti i tipi e di tutti i livelli: da quelli per bambini fino ai corsi aziendali. Alla fine dell'anno scolastico lo studente deve sottoporsi a un test di verifica. Se non lo supera può ripetere il corso senza ulteriori spese, sfruttando il certificato di garanzia rilasciato dalla scuola al momento dell'iscrizione.

## Oxford School of English

Da non confondere con gli Oxford Institutes, sono un gruppo di scuole che operano nelle principali città del Veneto, del Friuli Venezia Giulia e a Mantova.

Il metodo di insegnamento adottato è quello diretto e funzionale per le situazioni principali di utilizzo dell'inglese.

## The Shenker Institute

Le diciotto scuole concessionarie del metodo Shenker si basano sul principio dell'istruzione programmata e sulla forte motivazione dello studente. Piani di studio individuali, per due persone, intensivi, classi programmate, corsi in azienda sono le principali possibilità offerte da queste scuole. L'apprendimento è lasciato al ritmo di ogni studente: questi deve ascoltare delle cassette registrate fornite dallo Shenker e quindi prenotare un colloquio (dalle 8.30 alle 21) con il docente per una verifica dell'apprendimento.

Tra i servizi offerti: *student counsellor*, consulenza per soggiorni studio all'estero, biblioteca, sala video con film inglesi e americani.

# I "self-access center"

È un servizio offerto dalle grandi scuole di lingue, molto diffuso all'estero. Si tratta di centri attrezzati con tutto ciò che serve per l'autoapprendimento e ai quali lo studente ha libero accesso durante la giornata: computer, materiale didattico, registratore con cuffie, laboratorio linguistico, filmati didattici in lingua, film in lingua originale, videotape, televisioni, insegnanti. Ognuno può servirsi liberamente di quanto gli occorre per esercitarsi, secondo i propri ritmi e il proprio stile di apprendimento. Così, per esempio, chi vuole fare esercizi di ascolto può disporre della cabina nel laboratorio linguistico; chi preferisce rivedere la parte di una lezione filmata in lingua può farlo in apposite salette; chi ha dei dubbi da risolvere o vuole avere una verifica della propria pronuncia può rivolgersi agli insegnanti presenti; chi intende fare esercizio di lettura può trovare il materiale più idoneo... Insomma, libero accesso a tutto ciò che può aiutare lo studente nel suo autoapprendimento, con grande flessibilità di orari e di strumenti.

In Italia solo i centri culturali e le maggiori scuole di inglese si stanno attrezzando di *self-access center*. Attualmente è in funzione il *self-study center* dell'Accademia Britannica-International House di Roma (scuola iscritta all'Associazione italiana scuole per la lingua inglese): fornito di computer con programmi didattici predisposti dalla scuola, filmati video *non stop* in inglese, registratori con cuffie di ascolto, biblioteca, materiale didattico vario su settori specifici (medico, alberghiero, bancario, commerciale, turistico ecc.) sotto la guida costante di un insegnante di inglese per uno studio personalizzato.

# Corsi all'estero

Vivere in un ambiente internazionale è il modo migliore per apprendere una nuova lingua. Ci sono anche in Italia organizzazioni specializzate che gestiscono corsi di lingua in oltre trenta nazioni. Per studenti universitari e adulti, e con ogni tipo di combinazione. Per esempio: corsi in famiglia, in college, intensivi, di conversazione, per studenti delle scuole medie, per universitari. La società prescelta assiste direttamente chi si è iscritto al corso: prende in consegna gli studenti e, attraverso un accompagnatore, li segue nella sistemazione all'estero. In genere i corsi comprendono da tre a cinque ore di lezione al mattino o al pomeriggio; il resto della giornata è libero e può essere dedicato a visite, escursioni, sport ecc. Alla fine del periodo di permanenza viene rilasciato un certificato di frequenza.

Per sfruttare al massimo il soggiorno di studio all'estero occorre cogliere tutte le occasioni per comunicare con gli abitanti del luogo. Il rischio è quello di trascorrere il tempo libero con il gruppo di italiani che frequentano il corso. Occorre immedesimarsi nello stile di vita e nel comportamento, fare attenzione a come si comportano gli altri in determinate situazioni come: chiedere informazioni, dire di non aver capito, farsi ripetere, correggere, dissentire, spiegare... insomma, tutto quello che serve per superare l'imbarazzo che spesso blocca lo studente nei corsi in classe nella città in cui vive.

Essere anonimi all'estero vuol dire cogliere tutte le occasioni per esprimersi nella lingua straniera, non essere timidi, sparare a zero con insegnanti, compagni, persone conosciute, turisti. L'importante è parlare ed esercitarsi.

## Borse di studio

Un mezzo a disposizione dell'aspirante poliglotta è quello di studiare all'estero grazie a una borsa di studio. Le informazioni si possono richiedere direttamente agli enti culturali dei vari Paesi presenti in Italia (vedi Appendice), alle rispettive ambasciate o al ministero Affari Esteri, ufficio IX, Roma.

# Un computer per insegnante

Può fare di tutto: verificare a che punto siamo, controllare gli errori, darci nuove alternative di risposta, suggerirci cosa ripassare, farci ripetere a voce alta, correggerci la pronuncia, darci un voto, programmare il nostro ritmo di studio, aiutarci a creare il nostro programma ad hoc ecc. Le applicazioni del computer all'apprendimento delle lingue non finiscono di stupire. E sono di grande utilità per chi non ha tempo per partecipare a un corso o per chi ha scelto l'autonomia dell'apprendimento come la più idonea per sé.

Questo approccio è molto utilizzato nei laboratori linguistici come supporto didattico usato dal docente in certe fasi del corso. È anche uno strumento per realizzare la formazione a distanza, un approccio a cui si ricorre sempre più spesso anche nel mondo del lavoro: l'uso dei terminali permette infatti di ridurre il numero dei docenti, di uniformare il materiale di studio anche in sedi periferiche e soprattutto di garantire facilità di accesso e flessibilità di fruizione dei programmi. Si tratta in genere di percorsi formativi personalizzati, basati sulla combinazione di momenti di lezione in aula e di autoapprendimento assistito (spesso a distanza) con l'impiego di diversi supporti (carta, audio, video, software). L'approccio è centrato infatti sullo studente e sulle sue esigenze anziché sulla scuola legata agli inevitabili vincoli dell'attività corsuale (orari, docenti, numero degli iscritti ecc.).

Fra le novità più interessanti nel Call (Computer Assisted Language Learning), da segnalare il software interattivo prodotto da alcune case specializzate, come la DiDaEl e la Hay Space. Quest'ultima, che fa parte del gruppo di consulenza Hay, ha adottato lo *shuffler* ("mescolatore") per creare un nuovo sistema elettronico di formazione multimediale per lo studio delle lingue. Studiata per il calcolatore che gestisce svariati supporti (filmati, musica, voce, immagini), questa tecnica consente di adattare il ritmo e la complessità di tutte le fasi di un corso rispetto al rendimento dello studente. Il procedimento ha già trovato applicazione nel corso multimediale di inglese varato in collaborazione con la società californiana Dyned. Questo sistema interattivo, che utilizza parallelamente computer e videodisco, permette un coinvolgimento interattivo di grande impatto sull'allievo. In pratica il computer chiede di completare frasi, di scegliere risposte: suggerisce di riascoltare una determinata sequenza, di rivedere una regola dimenticata, di ripetere. Ed è sempre il computer a memorizzare ed elaborare le risposte, tanto da poter aggiornare lo studente sui suoi progressi e le sue lacune.

Oltre a questo corso (Interactive Business English), la Hay Space ha realizzato anche Functioning in Business per imparare a chiedere, rifiutare, suggerire, confermare, il tutto nel contesto di un viaggio d'affari di un dirigente negli Usa.

Il sistema comprende l'hardware (Personal computer 386, lettore di videodisco, lettore di compact disk Rom, monitor a colori e dispositivo di selezione svincolato dalla tastiera) e il software (floppy disk e quattro videodischi), oltre alla consulenza per l'uso ottimale del corso.

È invece della Nordra Tandberg Educational (Milano, piazza Principessa Clotilde 6, telefono 02/29003393) la nuova versione del programma Autore denominato *Teach Monitor*, frutto del lavoro di un insegnante di inglese e di un ingegnere, docente di elettronica. Viene chiamato "Autore" perché consente all'utente di creare o preparare materiale didattico e quindi di diventarne l'autore. Inoltre permette all'insegnante di lingue, anche privo di conoscenze informatiche, di preparare un'ampia e diversificata serie di esercizi per lo sviluppo e il miglioramento delle abilità linguistiche (ascolto, comprensione, lettura e scrittura).

Questo sistema Autore consente la creazione di una serie di esercizi di *listening* e *comprehension*, raccolti in un floppy disk che, insieme a una normale audiocassetta, andranno inseriti rispettivamente nel computer e nel registratore. Lo studente, dopo aver letto le istruzioni che appaiono sul monitor, svolgerà i vari compiti, ascoltando i brani in cuffia e, tramite tastiera, darà le risposte. Nel caso di risposta esatta potrà continuare la sua esercitazione, nel caso di errore potrà avvalersi di un "help in linea" e quindi ritentare l'esercizio.

Tuttavia, il panorama dei corsi multimediali si arricchisce continuamente di nuove applicazioni. Dynamic English e Intermediate English sono corsi, rispettivamente, di base e intermedio per l'apprendimento dell'inglese.

Il primo è ricco di colori, grafici ed è caratterizzato da un alto grado di interattività. Consente allo studente, in qualsiasi momento dell'erogazione, di richiedere la ripetizione di una frase, ascoltarne la traduzione in italiano, leggerne il testo, accedere a un dizionario contestuale.

Lo studente può inoltre impostare, sulla base delle proprie esigenze, alcuni parametri che gli consentono di personalizzare l'erogazione del corso in termini di contenuti, ritmi, livello di difficoltà. I risultati vengono registrati in modo che il tutor, responsabile del corso, li possa analizzare e mettere così in luce le scelte dello studente, il tempo dedicato all'apprendimento e i progressi riportati nelle varie abilità linguistiche.

Il corso si articola in tre moduli, ognuno dei quali, residente su due compact disk Rom, contiene dalle quaranta alle sessanta ore di insegnamento.

Il corso Intermediate English pone invece l'attenzione su concetti e strutture linguistiche come i tempi passati, il passivo, la specificazione, la sequenza, in un contesto di casi costruiti in ambienti professionali adeguati. Ogni caso è presentato da videografica, audio di alta qualità che fornisce esempi reali di lingua parlata.

Altra caratteristica di questo corso è l'elaborazione delle informazioni e l'ascolto basato su una partecipazione attiva.

Lo studente ha la possibilità di variare l'attività didattica e di ascoltare il materiale diverse volte e in modi diversi. I testi, i film e la maggior parte degli esercizi usufruiscono di un "help" che traduce simultaneamente in italiano la frase proposta, consentendo così agli studenti di livello più basso di impadronirsi più velocemente di un linguaggio appropriato.

Entrambi i corsi, realizzati a cura della Dyned, società operante nell'area della Silicon Valley (Usa), e della Longman, uno dei nomi più prestigiosi nel campo dell'editoria linguistica, sono gestiti dalla Hay Space Consulting Technologies (Milano, via Legnano 6, telefono 02/80208407).

# Lingue alla radio

Se per parlare una lingua occorre ascoltarla molto, la radio è uno dei mezzi più utili per farsi l'orecchio. Anche solo girando la manopola di un comune ricevitore casalingo, possiamo imbatterci in stazioni che trasmettono in decine di lingue, dialetti, conosciuti e non.

Le prime parole che si ascoltano, in genere, sono quelle corrispondenti a: "Qui è radio... che vi parla", frase usata da tutte le stazioni per identificarsi. Anche il contesto del discorso (soprattutto i notiziari) facilita la comprensione dei termini ricorrenti, nonché le forme del singolare e del plurale. In genere si riesce a distinguere nomi, aggettivi, qualche preposizione e qualche forma verbale: proprio ciò che occorre per stimolare la curiosità, fare confronti, consultare un vocabolarietto.

Per esempio, ascoltando Radio Mosca si sentirà più volte la frase *Zdies govorìt Moskvà* e non ci vorrà molto non solo a capire che *govorìt* significa "parla", ma anche a individuare le altre forme del verbo parlare, come *govorìl* che vuol dire "lui ha detto" e *govarìla* che significa "lei ha detto" (per esempio nei giornali radio dopo i nomi di uomini politici o di scrittrici, attrici ecc.).

Per mezzo della radio si possono anche seguire corsi di lingua che tutte le principali emittenti trasmettono regolarmente e presso le quali si può richiedere (a volte gratuitamente) il testo relativo. Conviene scrivere direttamente alle radio che ci interessano per chiedere orari, programmi e anche sussidi didattici. Forniamo di seguito qualche indirizzo.

Per l'*inglese*:

- Bbc: Bush House, London WC 2
- Voice of America: United States Information Agency, Washington, DC 20547
- Radio Australia: PO box 428 G, GPO, Melbourne 3001

Per il *francese*:

- Radio France Int.: BP9515, 75762 Paris Cédex 16

Per il *tedesco*:

- Deutsche Welle: Postfach 100444, D-5000 Koeln 1
- Deutschlandfunk: Postfach 510640, D-5000 Koeln 51

Per il *russo*:

- Radio Mosca: Pyatnitskaja ulitza 25, Moscow

Per il *cinese*:

- Radio Pekino: Xi Chang An Jie 3, Pekino
- Radio Pekino: Guozi Shudian PO box 333, Pekino

Per il *giapponese*:

- Radio Japan: Nippon Hoso Kyokai, 2-2-1 Jinnan, Shibuya-ku, Tokyo

Per l'*ebraico*:

- Israel Broadcasting Authority: PO box 1082, Jerusalem

Per il *greco*:

- The voice of Greece, 16, Mourouzi St., Athens 138.

Un aiuto al miglior ascolto della radio anche a scopi di curiosità linguistiche può venire anche dall'Air (Associazione Italiana Radioascolto) che ha sede a Trieste (via Scala Santa 166, telefono 040/416949). I fratelli Emanuele e Manfredi Vinassa De Regny, che sui segreti della radio hanno scritto un libro (edizione Oscar Mondadori) assicurano che sviluppare l'hobby del radioascolto non richiede né particolari attrezzature, né conoscenze tecniche specifiche. Basta una semplice radio a onde corte, un'antenna e, soprattutto, sapere come e quando ascoltare. Con un po' di pratica e un po' di pazienza è possibile ascoltare segnali radio provenienti da tutti gli angoli del pianeta.

Può essere interessante sapere che oltre ai Paesi anglosassoni, trasmettono in inglese anche il Sudafrica, il Giappone e l'India. Trasmettono parzialmente in inglese quasi tutti i Paesi arabi, l'Ecuador, la Thailandia, la Cina e Formosa.

Anche lo spagnolo è una lingua molto diffusa. Lo si può ascoltare sintonizzandosi in orario serale e notturno sulle frequenze di emittenti europee, africane e arabe che diffondono programmi destinati alle regioni dell'America Centrale e del Sudamerica.

Il francese è invece la lingua impiegata anche da piccole stazioni lontane dell'Africa (Costa d'Avorio, Togo, Mauritania, Senegal, Gabon, Benin) che lo alternano con i vari linguaggi locali.

Altra lingua molto usata è il portoghese, che non è solo l'idioma del Portogallo e delle sue ex province d'oltremare (Angola, Mozambico ecc.), ma anche del Brasile, uno dei più grandi Paesi del mondo. Grazie alle loro mille stazioni trasmittenti i brasiliani si possono ascoltare facilmente in qualsiasi ora del giorno e della notte.

Di notevole importanza anche l'arabo, lingua di parecchie stazioni africane e del Medio Oriente. Verso queste aree trasmettono i loro notiziari in arabo anche la Bbc e parecchie emittenti internazionali.

# "Pen-friends"

Trovare degli amici con cui esercitarsi a scrivere nella lingua straniera è uno dei tanti sistemi per incentivare il proprio apprendimento linguistico. Esistono alcune organizzazioni che favoriscono lo studio della lingua con il mezzo epistolare.

Per l'inglese e l'americano ci si può rivolgere alle sedi del British Council e dell'Usis. Per le altre lingue conviene informarsi presso le associazioni culturali dei rispettivi Paesi (vedi indirizzi in Appendice), presso i consolati e le Camere di commercio.

Sta attualmente prendendo piede, tuttavia, anche un'altra forma di corrispondenza: quella attraverso lo scambio di cassette registrate anziché di lettere.

L'efficacia di questo strumento è fuori dubbio: si sente parlare nella lingua che si vuole imparare e i nostri sforzi per esprimerci trovano una comprensione amichevole e un maggior incentivo a proseguire lo studio.

# Lingue in tandem

"Io ti aiuto a imparare la mia lingua e tu mi aiuti a imparare la tua." Uno scambio in cui ci si alterna nel ruolo di maestro e allievo, che può essere praticato in maniera autonoma, ma anche in corsi di lingua binazionali, come per esempio uno di italiano per i tedeschi e uno di tedesco per gli italiani. Questo è il principio che ispira l'approccio "tandem" all'apprendimento linguistico, un approccio che sta cominciando a interessare le scuole di lingue anche in Italia. Nelle ore tandem i corsisti di diversa madrelingua lavorano insieme, in coppia, ora in una lingua ora nell'altra, dedicando lo stesso tempo a ognuna. Il vantaggio è quello di avere a disposizione una persona che parla la lingua che stiamo studiando: quindi accesso diretto alla cultura e ai valori del suo mondo, senza gli stereotipi del libro di testo.

L'idea "tandem" – intesa come rapporto tra due persone di diversa nazionalità – fu introdotta per la prima volta in Germania con i corsi binazionali organizzati fin dal 1968 durante gli incontri giovanili tedesco-francesi. In seguito il modello fu applicato al lavoro con immigrati nel settore turco-tedesco.

Intorno ai primi anni Ottanta, a Madrid, Jurgen Wolf in collaborazione con Marisa Delgado, Bernhard Leute e García Martin Torres svilupparono il procedimento del "tandem autonomo" (tandem di coppia), creando corsi che divennero la base dell'attuale rete tandem. Oggi vi aderiscono scuole in Germania, Francia, Italia, Spagna e Inghilterra. Iniziative simili esistono presso scuole associate in Portogallo, Austria, Svizzera e Ungheria.

Le scuole europee che fanno parte della rete tandem condividono alcune caratteristiche: alta qualità didattica, uso di materiali autentici, piccole strutture scolastiche che garantiscono una maggior attenzione al singolo studente e infine l'offerta, a tutti gli iscritti, del servizio tandem.

Per i non iscritti invece è possibile usufruire del servizio pagando una piccola quota annuale che dà diritto a un numero illimitato di scambi per un anno.

Le prime scuole di italiano per stranieri a entrare nella rete tandem sono state la "Torre di Babele" di Roma (per tedesco, francese, spagnolo, inglese e giapponese, ma anche arabo e svedese), l'Istituto Machiavelli di Firenze, seguite da "Alpha e Beta" di Bolzano e Merano (gli indirizzi sono riportati in Appendice).

Oltre ad applicare la metodologia tandem, queste scuole organizzano sia corsi binazionali (partecipazione di due gruppi di studenti di due diverse nazionalità con l'aiuto di due insegnanti), sia il servizio di ricerca di partner linguistici con cui realizzare tandem individuali.

Per quest'ultimo servizio sono previsti un colloquio preliminare con la persona che richiede lo scambio linguistico e la compilazione di una scheda con i dati anagrafici, il livello di conoscenza della lingua richiesta, gli interessi personali e la propria disponibilità di orario per gli incontri con il partner. Le schede vengono archiviate e selezionate in base agli elementi forniti. Il centro che organizza il tandem predispone un incontro preliminare in cui le due persone vengono presentate e viene loro data una guida che comprende un elenco di eventuali argomenti di conversazione: ogni incontro è diviso in due parti, ciascuna delle quali è dedicata a una delle due lingue di scambio.

A cura delle scuole associate alla rete tandem vengono ogni anno organizzate anche le "Giornate internazionali tandem", con la presentazione di esperienze di interscambio linguistico.

Per avere l'elenco completo della rete tandem, si veda l'Appendice finale di questo manuale.

# Lingue al telefono

Per chi ha poco tempo per gli spostamenti e preferisce seguire un corso di lingua standosene a casa o in ufficio, non resta che l'apprendimento via cavo. Questa opportunità è offerta da Telelanguage, una scuola specializzata in corsi di lingua al telefono, con sedi a Bologna, Padova, Milano, Roma, Napoli (vedi Appendice). Le lezioni (da prenotare entro il giorno precedente) vengono fatte attraverso il dialogo telefonico da un insegnante madrelingua. L'allievo sceglie l'ora, dalle 7.30 alle 21.30, nella quale desidera essere chiamato al telefono per seguire lezioni di venticinque minuti, per le quali viene fornito il materiale didattico.

È la soluzione ideale per chi deve comunicare in lingua soprattutto al telefono. Ma anche per chi non ha questa necessità, l'assenza di stimolazioni visive facilita la concentrazione sulla fonetica e sulle caratteristiche della lingua.

Un minimo di autonomia linguistica, dicono alla Telelanguage, si raggiunge con ottanta lezioni, con una frequenza consigliata di cinque volte alla settimana a moduli minimi di venti lezioni. Oltre a inglese e americano si possono imparare al telefono anche tedesco, francese, italiano, spagnolo, portoghese, russo, arabo, cinese, giapponese, serbo-croato.

Esistono inoltre i corsi telefonici offerti dalla Sip e curati dalla Multimedia Educational (vedere l'avantielenco degli abbonati Sip). *Yes* è il corso base di inglese, articolato in centocinquanta lezioni; *Hello*, quello avanzato, comprende 108 lezioni. L'abbonato le segue (le lezioni sono registrate e hanno una durata di tre minuti ciascuna) per telefono, con il supporto di dispense. Per ogni lezione vengono addebitati tre scatti.

# Poliglotti dormendo?

Memorizzare parole mentre si sta facendo dell'altro: mentre si guarda la televisione o si ascolta della musica, mentre si è abbandonati sulla poltrona o addirittura mentre si dorme. Questo si otterrebbe grazie ad alcuni prodotti elettronici presenti sul mercato linguistico, come Kronosis, Memodelta, Brainmost, tarati in modo da inviare messaggi direttamente all'inconscio.

Il riferimento è alle teorie sulla comunicazione subliminale e ai relativi esperimenti condotti negli Usa soprattutto in campo pubblicitario e commerciale. Messaggi al di sotto della soglia uditiva e visiva (appunto *sub*-liminali) venivano registrati in alcuni punti di una pellicola che veniva proiettata. La frase, non percepita dal pubblico che assisteva alla proiezione, diceva: "Siete nel deserto, state per morire di sete, salvatevi con una Coca-cola". Ebbene: durante lo spettacolo buona parte dei presenti abbandonò la sala per andare a bere una Coca al bar più vicino.

Gli apparecchi utilizzati per l'apprendimento subliminale non sono altro che speciali registratori cui viene delegato il compito noioso di ripetere continuamente (o per un numero programmabile di volte) un testo precedentemente letto e capito. La ripetizione non viene trasmessa all'orecchio come avviene nei comuni registratori in commercio: attraverso un minitrasmittente, chiamato "trasduttore osseo", applicato con un archetto o una fascetta elastica a un punto qualsiasi della fronte, le informazioni passano direttamente alla scatola cranica che funge quindi da scatola di risonanza. Non essendo impegnato direttamente l'udito, e grazie alla portata dell'apparecchio (sistema via radio) che è di circa cinquanta metri, è possibile ricevere la trasmissione anche muovendosi, o mentre si è impegnati in altre occupazioni come ascoltare musica, fare un lavoro manuale, conversare. O anche dormire.

Fra le materie che più si prestano all'apprendimento subliminale con tecnologie elettroniche, le lingue sono senza dubbio le più sperimentate. Inglese, ma anche russo, ebraico, arabo, greco, giapponese, cinese fanno parte dell'ampia scelta di corsi in cassette, abbinati all'acquisto dell'apparecchio memorizzatore.

In effetti si possono acquisire decine e centinaia di parole senza neanche accorgersene. Ma è proprio questo il punto critico: parlare una nuova lingua non è essenzialmente un fatto mnemonico. È un comportamento. Non si tratta di sapere a memoria i movimenti del nuoto, ma di nuotare.

# Quand'è che si sa una lingua?

## Come mettersi alla prova: i check-up linguistici

"Sai l'inglese?" "Un po', ma non lo capisco al telefono. Lo leggo abbastanza, ma ho difficoltà nella comprensione dei giornali. Il mio problema è parlarlo" e così via.

Quando si misura la propria preparazione linguistica c'è sempre il rischio di prendere delle grosse cantonate. So un po' di inglese quando conosco il senso di una centinaio di parole o quando riesco a cavarmela nel chiedere informazioni? Quando riesco a capire brani di letture scolastiche o quando riesco a utilizzare informazioni leggendo «Business week» o un'altra rivista che mi interessa? Quando riesco a parlare tre minuti con un londinese o quando riesco a conversare per mezz'ora con un greco in inglese? Conta il numero di parole che capisco, ma che non uso, o le azioni che riesco a fare con le parole che so? Insomma, come posso valutare il mio livello di apprendimento?

Quello delle forme di valutazione delle conoscenze linguistiche è un problema affrontato dai centri di ricerca dei grandi gruppi di scuole di lingue, ma soprattutto dai centri di glottodidattica delle università.

Augusto Carli, direttore del Cial (Centro interfacoltà per l'apprendimento delle lingue) dell'Università di Trento, sottolinea l'importanza di alcuni tipi di valutazione:

- test di ingresso: forme di misurazione strutturata in singole prove per rilevare il bagaglio linguistico di base (*glotto-kit*) dello studente;

- test di piazzamento o di livello: per scoprire che cosa lo studente sa fare con la preparazione linguistica acquisita, in modo da capire a quale punto si trova rispetto agli obbiettivi del corso;
- test di progresso e controllo dell'apprendimento: somministrati a intervalli regolari durante il periodo di insegnamento, indicano le difficoltà, le carenze o inefficienze che restano da affrontare
- test di profitto finale: somministrati al termine di ciascun ciclo di apprendimento;
- prove di accertamento delle abilità linguistiche.

C'è chi crede ciecamente nella validità dei test, mentre altri li denigrano. In ogni caso, nel sottoporsi a test prima o durante un corso di lingua occorre tener presente che:

- il test non vuole essere l'unica e inequivocabile forma di valutazione, ma solo uno strumento per misurare certe prestazioni rispetto a un determinato programma di insegnamento;
- il test mira a verificare non tanto un conoscere, bensì un sapere, un insieme di abilità, rispondenti a un sapere *per fare* (usare la lingua per operazioni non solo linguistiche) o a un sapere *per conoscere* (come funziona la comunicazione).

"Spesso", nota Augusto Carli "soprattutto negli anni Sessanta, il testing è stato usato su unità linguistiche non sempre, o poco, significative, come la parola o la frase slegata dal contesto di comunicazione, dalla loro componente pragmatica.

Ciò non significa che la pratica del testing non possa ampliarsi a estensioni più complesse del comportamento linguistico-comunicativo.

Va tenuto presente" continua il docente dell'Università di Trento "che i test fabbricati negli anni Cinquanta e Sessanta altro non sono che un riflesso della linguistica strutturale e del neobehaviorismo."

Accanto ai test, fattoriali che valutano alcune abilità linguistiche isolandole dalle altre, ne sono stati creati altri che riproducono le condizioni d'uso reale della lingua nel contesto della comunicazione. Questi test integrati richiedono il lavoro su unità linguistiche più complesse, come per esempio il discorso e il testo, in modo da prevedere l'uso simultaneo di più competenze linguistiche.

Oggi dunque possiamo sottoporre a un vero check-up la nostra preparazione linguistica.

Sono almeno sette le competenze rilevabili attraverso test integrati:

1. la capacità di comprensione all'ascolto;
2. la capacità di esprimersi oralmente;
3. la capacità di esprimersi attraverso la lingua scritta;
4. la competenza lessicale;
5. la competenza morfo-sintattica;
6. la competenza fonologica;
7. la competenza ortografica.

## Livelli di conoscenza linguistica

È certamente legittimo e utile conoscere il livello raggiunto nella conoscenza della lingua. Questo servizio di testing è spesso offerto gratuitamente dalle grandi catene di scuole di lingue e dai centri di glottodidattica delle università. Ovviamente non tutti usano gli stessi criteri e lo stesso sistema di misurazione.

Prendiamo per esempio le scuole del metodo Berlitz. All'interno della categoria "principiante" i livelli sono quattro; cinque nella categoria "intermedio"; uno nella successiva categoria, la "professionale", e uno nella categoria "avanzato".

Alla fine della categoria "principiante" si acquisiscono milleduecento parole; duemila nell'"intermedio"; tremila nel "professionale" e quattromila nell'"avanzato". Da un livello all'altro si passa, alla Berlitz, con sessanta lezioni individuali o con una settimana di *total immersion*.

L'esame di livello, ogni cinque lezioni, è invece parte integrante del metodo Shenker. Le cento lezioni in istruzione programmata con l'utilizzo di cassette sono suddivise in quattro corsi. Alla lezione venticinque si possiede un lessico attivo di duemilacinquecento parole e la conoscenza basilare della grammatica, per cui si è già in grado di sostenere semplici conversazioni e disimpegnarsi in caso di viaggi all'estero.

Alla lezione cinquanta si conoscono cinquemila parole, tutta la grammatica, gli *idioms* più usati e si è in grado di parlare, scrivere e capire l'inglese tanto da potere, per esempio, soggiornare senza problemi in un Paese di lingua anglosassone.

Alla lezione settantacinque si è in grado di parlare, scrivere e capire l'inglese tanto da potere, per esempio, partecipare a meeting internazionali e lavorare senza difficoltà in un ufficio anglo-americano; il raggiungimento del livello "lezione cento" è necessario per ottenere una conoscenza così approfondita da consentire il superamento di esami a livello universitario e la gestione in lingua inglese di complesse attività professionali.

Al Cial di Trento la struttura dei corsi tiene conto di sei livelli:

| | |
|---|---|
| **1.** Principiante | 0 ore |
| **2.** Intermedio | 50 ore |
| **3.** Medio | 100 ore |
| **4.** Medio-progredito | 150 ore |
| **5.** Progredito | 200 ore |
| **6.** Avanzato | 250 ore |

## *A che livello è il vostro inglese?*

Ecco una prova per verificare se siete a un livello intermedio/medio nella conoscenza dell'inglese. Il test è stato preparato dal Cial di Trento per valutare soprattutto l'abilità di lettura. Leggete attentamente il seguente dialogo. Come vedete, sono state eliminate alcune parole. Per ogni spazio vengono proposti quattro termini, di cui uno è corretto e appropriato al contesto. Sul foglio delle risposte indicate quello corretto con una crocetta. Verificate poi le vostre risposte con quelle riportate in fondo al capitolo.

Receptionist: *"Good evening, sir. Can I help you?"*.
Mr Smith: *"Yes. I...* (1) *rooms for three people,*
*my daughter, my wife and...* (2), *please"*.

...

...

Receptionist: *"Certainly, sir. Singles, or a double and a single?".*

Mr Smith: *"... (3) I have one single and one double room, please?".*

Receptionist: *"Certainly. The double room has twin beds".*

Mr Smith: *"That's fine. Are they with or without bathrooms?".*

Receptionist: *" ... (4) rooms have bathrooms, en suite".*

Mr Smith: *"Good. I... (5) take them".*

Receptionist: *"Very good, sir. That's one single room with bath and one double room with bath. Could you sign the... (6), please sir? Thank you. Here are your...".(7). I'll call the porter for you".*

Mr Smith. *"Thank you very much. Oh, may I use your telephone for a moment?".*

Receptionist: *"Certainly, sir. It's... (8) there".*

Risposte da scegliere

1.
- a) *want*
- b) *would*
- c) *did*
- d) *wish*

2.
- a) *I*
- b) *us*
- c) *we*
- d) *myself*

3.
- a) *should*
- b) *will*
- c) *could*
- d) *did*

4.
- a) *neither*
- b) *both*
- c) *every*
- d) *each*

5.
- a) –
- b) *will*

...

...

c) *don't*
d) *must*

6. a) *book*
b) *register*
c) *cheque*
d) *bill*

7. a) *keys*
b) *suitcases*
c) *rooms*
d) *beds*

8. a) *near*
b) *not*
c) *over*
d) *after*

Soluzione del test di inglese (livello intermedio/medio).

1.b; 2.d; 3.c; 4.b; 5.b; 6.b; 7.a; 8.c.

# Patenti di lingua per l'inglese e il tedesco

Alcune verifiche della conoscenza dell'inglese sono diventate obbligatorie per accedere a incarichi internazionali. Altre sono certificazioni del grado di preparazione linguistica riconosciute da scuole o organismi internazionali.

Proponiamo di seguito alcune fra le più note "patenti di lingua".

## *Cpe* (*Certificate of Proficiency in English*)

Rileva un livello avanzato di competenza linguistica ed è richiesto per iscriversi nelle università inglesi e in quelle di nazioni anglofone. In molti Paesi questo esame abilita all'insegnamento dell'inglese nelle scuole primarie e consente l'ammissione a corsi o impieghi che richiedono una profonda conoscenza dell'inglese.

La valutazione si articola su tre livelli, A, B e C, in base ai punteggi conseguiti con cinque prove scritte e orali.

Questo e i due esami successivi sono gestiti dall'Università di Cambridge in collaborazione con il British Council.

Per informazioni: The University of Cambridge Local Examination Syndicate, Syndicate Buildings, 17, Harvey Road, Cambridge CB1 2EU.

## *Des* (*Diploma of English Studies*)

Corrisponde alla parte iniziale di un corso di lingua straniera presso una università britannica. Viene riconosciuto a chi ha già superato il *Certificate of Proficiency in English* con valutazione alta, e a chi ha superato altri esami di lingua. Il punteggio finale è costituito da quattro giudizi in ordine decrescente: *outstanding, very good, good, pass.*

### *Fce* (*First Certificate in English*)

È lo standard di competenza linguistica a livello intermedio, indispensabile per proseguire nello studio. Viene richiesto nelle attività dell'industria e del commercio; negli impieghi a contatto con il pubblico come segreterie, banche, aeroporti ecc.

Anche in questo esame la valutazione viene data a tre livelli (A, B e C) sulla base di prove scritte e orali.

### *Gmat* (*Graduate Management Admission Test*)

Consiste in un test attitudinale che misura alcune capacità mentali ritenute importanti nelle relazioni e negli studi manageriali, come l'abilità di lettura, comprensione e ragionamento, attraverso risposte a domande a scelta multipla.

Il superamento di questo esame è la condizione per essere ammessi in molti istituti superiori sia negli Usa che, meno frequentemente, in Gran Bretagna.

Per informazioni e domande: Educational Testing Service, Box 966, Princeton, New Jersey 08540 Usa.

### *Toefl* (*Test of English as a Foreign Language*)

È un esame scritto di lingua inglese che devono superare tutti gli studenti stranieri per frequentare una università americana. Negli ultimi anni, tuttavia, il Toefl è diventato il modo ufficiale per dimostrare la propria conoscenza dell'inglese anche quando si tratta di trovare lavoro. Averlo superato con un punteggio alto è la dimostrazione che si è in grado di comunicare, leggere e scrivere in inglese a livello sufficiente per studiare o lavorare negli Usa.

Ma chi può farlo? E dove? Non ci sono limiti di età o di scolarizzazione. Chiunque può sostenerlo in una delle cinquecento sedi del mondo. In Italia, l'esame si tiene più volte l'anno (di solito di venerdì o di sabato mattina) a Milano, a Roma e in altre città. L'iscrizione vale due anni. Può essere rifatto finché non si supera.

Le sedi (a cui rivolgersi anche per informazioni) sono quelle della Commissione per gli scambi culturali Italia-Usa e precisamente:

- Firenze, Lungarno Vespucci 38, telefono 055/216531;
- Genova, piazza Portello 6, telefono 010/292685;
- Milano, via Bigli 11/A, telefono 02/76001504;
- Napoli, piazza della Repubblica, telefono 081/681487;
- Palermo, via Vaccarini 1, telefono 091/343532;
- Roma, via Castelfidardo 8, telefono 06/4819742;
- Torino, c/o Opera universitaria, via Pietro Giuria 17 b, telefono 011/835643;
- Trieste, c/o Associazione italo-americana, via Roma 15, telefono 040/630301.

Per iscriversi, occorre richiedere il «Bulletin of information for Toefl» presso le sedi della Commissione per gli scambi culturali Italia-Usa. All'interno c'è il modulo per l'iscrizione: va compilato a matita e inviato a Cito-Toefl, PO box 1203, 6801 BE Arnhem, Netherland.

Il costo dell'iscrizione è di trentacinque dollari (circa cinquantamila lire) e deve essere fatta almeno con due mesi di anticipo.

Per prepararsi a questo esame ci si può rivolgere alle principali librerie americane presenti in Italia (vedi Appendice), dove si trovano corsi preparatori (un grosso volume con due audiocassette). Fra i più recenti: *Barron's how to prepare for the Toefl* e *Barron's practise exercices for the Toefl.*

Per accedere alle più prestigiose università americane è necessario ottenere un punteggio di almeno 600-610 punti. Ma per lavorare o ottenere una internship bastano 570-580 punti.

*Per il tedesco*

- Zdf (*Zertificat Deutsch als Fremdsprache*)
- Kds (*Kleines Deutsches Sprachdiplom*)
- Gds (*Grosses Deutsches Sprachdiplom*)

Rispettivamente "diploma di tedesco come lingua straniera", "piccolo diploma di lingua tedesca", "grande diploma di lingua tedesca" sono gli esami riconosciuti a livello internazionale che certificano la conoscenza del tedesco. Vengono rilasciati dal Goethe Institut in collaborazione con l'Università di Monaco.

# Le lingue a livello-soglia

Circa cinquecento parole: tante sono quelle che, secondo le ricerche del Consiglio d'Europa, formano il "livello-soglia" di conoscenza di una lingua straniera.

Questa conclusione è il punto d'arrivo di molte indagini sui bisogni linguistici condotte fin dagli anni Settanta. Lo scopo era quello di trovare un modo per rispondere ai bisogni linguistici basilari della maggioranza degli studenti nella maggior parte delle situazioni quotidiane.

Le difficoltà di una simile ricerca si sono manifestate subito. Quali criteri potevano delimitare un livello-soglia? Non poteva essere utilizzato quello di "bisogni linguistici minimi" data la grande diversità tra le categorie di studenti. Una possibilità poteva essere quella di situare la soglia a un livello più o meno uguale a quello richiesto dal diploma tedesco *Volkshochschulverband*, vale a dire circa millecinquecento-duemila parole.

Ma l'idea non è sembrata realista. Da una parte il livello sarebbe stato troppo alto per molte categorie di studenti, in particolare per quelli a bassa scolarizzazione nella lingua madre. Dall'altra avrebbe richiesto troppo tempo, scoraggiando così chi voleva seguire un corso di lingua straniera per principianti. La soglia doveva essere quindi a metà strada tra il livello zero e quello del citato diploma tedesco.

Nel progetto del Consiglio d'Europa, la lista di conoscenze linguistiche da possedere a livello-soglia è articolata in due parti: un inventario di concetti che lo studente deve dimostrare di maneggiare correttamente attraverso parole e regole grammaticali; un elenco di elementi grammaticali comuni a tutte le lingue europee.

Le due parti formano insieme una lista-tipo da tradurre in ogni lingua europea, che include la maggior parte dei concetti che lo studente dovrà padroneggiare. A questa si aggiungerà un supplemento di concetti-base caratteristici di una data lingua. È il caso della differenza perfettivo/imperfettivo nel sistema verbale russo; o di quella tra la forma progressiva e non progressiva in inglese.

Varie équipe di specialisti hanno già redatto i vocabolari di base (circa cinquecento parole) per diverse lingue europee, offrendoci un ulteriore strumento di verifica della conoscenza linguistica.

Nelle edizioni del Consiglio d'Europa sono disponibili "il livello-soglia" per l'inglese, il tedesco, l'olandese, il norvegese, il basco.

Quinta parte

# QUALI LINGUE IMPARARE?

# Tremila lingue in meno di duecento nazioni

L'inglese continuerà a dominare: è quanto prevede il Censis nella sua indagine sulla formazione linguistica nel mondo del lavoro. Da parte di alcuni responsabili della formazione aziendale – evidentemente anche sulla base delle aree di attività – viene visto tuttavia con favore lo sviluppo dell'insegnamento di lingue come il russo o il giapponese.

Nella scuola privata, l'ottanta-ottantacinque per cento circa dell'offerta di formazione riguarda la lingua inglese; al secondo posto si piazza il tedesco, e successivamente, frammentati in percentuali minori, il francese, le lingue orientali, il russo e le lingue ispano-portoghesi.

Tullio De Mauro, docente di filosofia del linguaggio all'Università La Sapienza di Roma, ha fatto notare che occorrono corsi e supporti per l'apprendimento anche delle lingue minoritarie. Va garantita la sussistenza di quelle presenti nella comunità nazionale, seguendo quanto viene fatto negli altri Paesi (in Svezia, su novantadue lingue importate dagli emigrati, ne vengono insegnate ottantaquattro). Dice De Mauro: "Viviamo in un mondo sempre più caratterizzato da flussi e immigrazioni sud-nord, est-ovest, e non siamo più diretti verso una anglicizzazione generalizzata, come era convinzione diffusa dieci anni fa. Si sta piuttosto correndo verso un apprendimento dell'inglese come lingua veicolare, una circostanza che contribuisce alla rivalutazione della propria lingua e cultura".

Una necessità, dunque, la conoscenza dell'inglese, ma unitamente a quella di un'altra lingua europea. Due lingue di comunicazione che il "programma Lingua" della Cee considera auspicabili per tutti i cittadini europei.

E anche i Paesi della lingua veicolare per eccellenza ne sono convinti: nell'Europa senza barriere l'inglese non basta. Addirittura "Parlare solo l'inglese può essere un disastro", titolava l'«Independent» il 30 maggio 1991. Tutti i Paesi stanno prendendo coscienza di quanto sia oggi importante conoscere le principali lingue europee. Mike Crompton, direttore del Manchester Language Export Centre, ne è particolarmente convinto. Sapere l'inglese non basta, dice. Cita l'esempio dei duecento spazzini e netturbini addetti alla raccolta dei rifiuti nel comune e distretto di Stockport. "Potrebbero dimettersi in massa attratti da un contratto economicamente più vantaggioso presentato da una società spagnola" dice Crompton.

Ma occorre saper comunicare anche oltre l'Europa e rispondere alle sfide della globalizzazione dell'economia.

Gli esperti infatti non hanno dubbi: i Paesi che si affacciano sul bacino del Pacifico stanno rivoluzionando la mappa politico-economica del pianeta. È dunque nell'altra zona del mondo che si svilupperà la civiltà del Duemila. Paesi arabi a parte, un nuovo polo geografico si sta già imponendo, e sta per rivestire il ruolo avuto dal Mediterraneo duemila anni fa, dall'Europa settentrionale nel periodo elisabettiano e dal blocco anglosassone dell'Atlantico (Gran Bretagna e Usa) tra la fine dell'Ottocento e la seconda guerra mondiale. In questo nuovo scenario sarà sempre più determinante la conoscenza linguistica dei Paesi emergenti.

## *Tremila lingue*

Secondo i dati di una ricerca condotta alcuni anni fa, riportati nel volume *Il management transnazionale* (edizione Franco Angeli), esistono al mondo tremila lingue in circa duecento nazioni.

- Il 43 per cento della popolazione mondiale usa quattro lingue:
  - cinese (800 milioni)
  - hindi (350 milioni)
  - inglese (320 milioni)
  - spagnolo (210 milioni)
- Il 20 per cento della popolazione mondiale usa sette lingue:
  - russo (150 milioni)
  - arabo (130 milioni)
  - bengalese (130 milioni)
  - portoghese (120 milioni)
  - giapponese (110 milioni)
  - tedesco (105 milioni)
  - francese (80 milioni)
- Il 14 per cento della popolazione mondiale usa dodici lingue:
  - giavanese (65 milioni)
  - italiano (60 milioni)
  - coreano (53 milioni)
  - turco (40 milioni)
  - polacco (38 milioni)
- Il 23 per cento della popolazione mondiale usa duemilanovecento lingue.

# Le principali lingue del mondo

Che l'inglese a volte non sia sufficiente, lo si può riscontrare addirittura negli Usa. Qualche anno fa Giuseppe Josca, inviato speciale del «Corriere della Sera», notava che le immigrazioni stavano trasformando il Nordamerica in una vera Torre di Babele. "Lo spagnolo rischia di diventare la prima lingua, data la forte immigrazione di ispanici" scrive Josca.

Ma il fenomeno interessa anche altre lingue. Detroit si sta arabizzando, i cinesi hanno sommerso Little Italy e i russi spadroneggiano a Brooklyn. I nuovi immigrati non hanno alcuna voglia di farsi assimilare come una volta gli italiani, i greci, i polacchi, gli ebrei dell'Europa orientale. Al contrario, arroccati nei loro *barrios*, nelle loro piccole Odessa (o Tokyo, Saigon, Bogotá) continuano a parlare la loro lingua. In molti Stati degli Usa gli uffici pubblici, gli ospedali, i registri automobilistici, i centri previdenziali devono usare personale e formulari multilingue. A New York è sempre più difficile farsi capire dai tassisti. A San Francisco sono distribuite edizioni delle "pagine gialle" in cinese e in giapponese. A Boston i ragazzi iscritti alle scuole secondarie vengono da settanta Paesi diversi. Il tribunale di Los Angeles è costretto a servirsi di interpreti in ottanta lingue, dall'armeno al vietnamita. Una banca di Long Beach, assieme ai computer, ha a portata di mano l'abaco (cioè il pallottoliere) per i clienti russi e cinesi che preferiscono fare i conti alla vecchia maniera. Nelle chiese si celebrano funzioni in cambogiano, tagalog (il dialetto più diffuso nelle Filippine), pashtu, dari, haitiano. Da un capo all'altro del Paese, oltre cento stazioni radiotelevisive trasmettono in spagnolo, altre in arabo, coreano, portoghese.

È la situazione a cui dobbiamo prepararci. In certe zone di Roma, Milano, Torino, Napoli abbiamo l'impressione di essere capitati in Asia o in Africa. È una tendenza in crescita, dicono gli esperti di *mega trends*. Insomma, non dovremo più meravigliarci di leggere per le strade insegne scritte in varie lingue, di sentire accanto a noi persone che parlano idiomi molto lontani da quelli europei, di imbatterci in annunci economici come il seguente:

*A JAPANESE LEADING BANK*
*is seeking*
*A JAPANESE SPEAKING EMPLOYEE*
*Preferably mothertongue, for the General Affairs Department*
*Good knowledge of Italian and English...*
*Please apply in japanese language...*

Di alcune lingue sappiamo poco anche se chi le parla vive tutti i giorni accanto a noi, almeno nelle grandi città: arabi del Marocco, della Tunisia, dell'Egitto, sudamericani, giapponesi, cinesi ecc. Dobbiamo imparare a convivere con culture diverse, a formarci una personalità meticcia: sarà quella che sopravvivrà nel futuro.

Nel frattempo, cerchiamo di conoscere un po' meglio le lingue delle grandi culture che ci vivono accanto.

## Inglese

Sarà la lingua del futuro? Madrelingua di dodici nazioni, l'inglese è parlato o studiato in circa novanta altri Paesi: su quattro miliardi e ottocento milioni di abitanti della Terra, quasi settecentocinquanta milioni sono in grado di comprendersi in questa lingua, il che significa una persona su sette. Non solo: l'ottanta per cento delle locuzioni memorizzate nei computer di tutte le nazioni (e quindi anche della Russia, della Cina e dell'India, le nazioni più popolose) è costituito da termini inglesi.

A ciò hanno contribuito l'espansione del colonialismo inglese e l'americanizzazione del nostro tempo.

L'accelerazione della penetrazione linguistica anglosassone è impressionante. Nei primi tempi del colonialismo, parlavano l'inglese solo cinque milioni di persone "non britanniche". Intorno al 1930 era già diventata una lingua conosciuta da oltre duecento milioni di individui. Quella cifra raddoppiò intorno al 1965, e ora si avvia, nel giro di pochi anni, a raggiungere il miliardo.

L'inglese ha preso il posto che il latino aveva nel mondo antico. Scienza, medicina, tecnologia, commercio, diplomazia, management, ma anche pubblicità, televisione, radio, turismo si reggono in ogni continente proprio sull'inglese.

Non c'è scampo: chi non sa l'inglese è tagliato fuori. Ma quale inglese: quello britannico o quello americano? La lotta si combatte in famiglia ma non per questo è meno accesa. Nella contesa gli americani hanno l'aria di lasciar fare alla storia, convinti come sono che il "loro" inglese finirà con l'imporsi sull'onda del "loro" strapotere scientifico e commerciale. E gli inglesi allora, consapevoli della loro inferiorità, sono partiti all'attacco. Diffondono libri di testo, spendono centoventi miliardi di lire all'anno per finanziare le scuole di lingue, si sono accaparrati l'ascolto dei programmi linguistici della Bbc da parte di oltre cento milioni di cinesi.

Tuttavia, è l'americano che trova sempre nuovi seguaci in America Latina, in Russia, a Hong Kong, creando resistenze in altri Paesi come Malesia, Nepal, Pakistan.

Ragioni snobistiche, politiche, commerciali e tecnologiche a parte, l'inglese continua ad affermarsi anche per altri motivi.

Importato nell'odierna Inghilterra da oscure tribù germaniche tra il V e VI secolo, non è mai stato una lingua colta come il latino o il greco. Mostra però un'incredibile capacità di adattamento, da cui deriva il suo fascino.

Anzitutto è la lingua più ricca, con circa ottocentomila vocaboli (contro il mezzo milione del francese, che la segue al secondo posto), con un vocabolario che si amplia continuamente: l'ottanta per cento dei vocaboli inglesi di oggi ha un'origine straniera, vale a dire spagnola, italiana, francese, ma anche greca, turca, indù, africana.

Inoltre, resta una lingua relativamente semplice: per fare un esempio, non presenta il problema dei generi, delle desinenze verbali. I linguisti la ritengono la lingua più ricca, più precisa, più logica e più sofisticata; una lingua che non si ama, ma che comunque si usa.

"Come" si usa, è un altro discorso. I giapponesi, i latino-americani, i latino-europei, gli slavi e gli africani imprimono a questa lingua (talvolta comicamente) le caratteristiche della propria, anche nell'interpretazione. Per esempio, in Italia *dancing* (ballare) e *smoking* (fumare) diventano "sala da ballo" e "abito da sera".L'inglese resta comunque la lingua veicolare che è indispensabile conoscere (anche se, oltre a questa, è utile parlarne altre).

È la lingua del futuro? C'è chi ritiene che, se anche un giorno sul pianeta si parlasse solo inglese, si tratterebbe comunque di varianti, di idiomi diversi, di dialetti. Non sarebbe certo la lingua di Oxford.

## Arabo

Parlata dalla zona atlantica del Nordafrica al Medio Oriente, fino ai confini con l'Iran e il Pakistan, la lingua araba come lingua religiosa viene studiata da milioni di musulmani in tutto il mondo. Sapere l'arabo sarà importante quando Israele e i Paesi arabi troveranno un accordo, quando la parola araba *salàm* (pace) s'intreccerà con la corrispondente ebraica *shalòm*, mettendo fine a cinquant'anni di guerre.

L'arabo ha una sua grafia particolare. Si scrive da destra a sinistra. Quasi tutte le lettere si scrivono in modo diverso a seconda che si trovino all'inizio, in mezzo o alla fine della parola. Si scrivono solo le consonanti; le vocali sono indicate solo nei testi scolastici, sotto forma di lineette e circoletti sopra e sotto le consonanti. La struttura della lingua infatti permette di capire un testo o una parola anche senza scriverne le vocali dato che la sua radice è composta in genere di tre consonanti.

L'arabo classico presenta una declinazione a tre casi: nominativo, accusativo e obliquo (che funge da genitivo, dativo e ablativo); presenta forme di duale oltre che di plurale e quest'ultimo è per lo più irregolare, cioè si forma con varianti della radice che non corrispondono a schemi semplici e determinabili a priori.

Così "uomo" si dice *ràgiulum*, ma all'accusativo fa *ràgiulan* e all'obliquo *ràgiulin*; determinato dall'articolo si avrà però *ar-ràgiulu, ar-ràgiula, ar-ràgiuli,* che diventerà, al duale (due uomini), *ragiulàni* al nominativo e *ragiulàyni* negli altri casi; il plurale irregolare è *rigiàlun, rigiàlan, rigiàlin*; specificato dall'articolo sarà *ar-rigiàlu, ar-rigiàla* e *ar-rigiàli.*

Il verbo, nella sua forma classica, è abbastanza complesso, sia morfologicamente che sintatticamente. Esistono non sei ma tredici persone e cioè, oltre quelle presenti in italiano, anche le forme femminili per la seconda persona singolare (tu), la terza persona singolare (lei), la seconda e terza persona plurale (voi, loro); inoltre, ci sono due forme di duale per "voi due" e "loro due" al maschile e femminile.

Ma anche i principi su cui si basa la coniugazione del verbo sono diversi. Per esempio, la vera differenza non è, come per l'italiano, tra tempi e modi verbali, ma tra i due aspetti verbali: il perfetto, che può indicare un'azione compiuta, cioè completamente svolta sia nel passato (e quindi corrispondente al nostro passato remoto o prossimo o trapassato) sia nel futuro (corrispondente al nostro futuro anteriore); e l'imperfetto, che indica un'azione ancora nel suo svolgimento e quindi può coincidere con il presente, ma anche con i tempi italiani dell'imperfetto e del futuro.

"Non bisogna scoraggiarsi" avverte il linguista Giulio Soravia, esperto nelle lingue del Medio e dell'Estremo Oriente. "Superato lo scoglio della grafia e una volta entrati nell'ordine di idee dell'esistenza di una radice trilittera e di come funziona, degli aspetti del verbo e delle sue forme, anche l'arabo si può imparare senza eccessive difficoltà e con grande soddisfazione."

Proponiamo di seguito qualche espressione araba di largo uso:

- Buon giorno — *Sabah el-kher*
- Benvenuto — *Ahlan wa sahlan*
- Buona sera — *Masa el-kher*
- Sì — *Naam*
- No — *La*
- Mille grazie — *Alf shukr*
- Per favore — *Min fadlik*
- Salve (a un uomo) — *Ahlan bik*
- Salve (a una donna) — *Ahlan biki*
- Arrivederci — *Ilalliqà*

In Italia l'arabo è insegnato nelle facoltà di lingue orientali dell'Università di Venezia e dell'Istituto universitario orientale di Napoli, e alla facoltà di scienze politiche di Pavia. Corsi serali sono organizzati dall'Ismeo (Istituto per il Medio ed Estremo Oriente) di Milano e Roma, oltre che dal Cesmeo di Torino. Ogni anno si tengono corsi di arabo per stranieri all'Istituto Bourguiba di Tunisi e all'Università di Amman (vedi indirizzi in Appendice).

## Cinese

"Il cinese è una lingua facile, spaventosamente facile, al punto che è quasi impossibile impararla", sostiene il linguista Giulio Soravia.

Le parole cinesi sono tutte costituite da monosillabi invariabili, molto semplici. Non esistono coniugazioni, né declinazioni, né articoli, né concordanze, né *consecutio temporum*. Questo fatto, unito alla relativa limitatezza dei monosillabi effettivamente esistenti in cinese (quattrocentododici), svela il senso del paradosso iniziale. La grande semplicità di struttura è fonte di ambiguità, di smarrimento e determina il grande uso di espressioni idiomatiche. Ci si può chiedere come faccia il cinese a esprimere tutti i concetti necessari, per esempio per scrivere un moderno trattato di fisica nucleare, un romanzo o una rivista specializzata soltanto con quattrocento parole, anche se queste possono avere decine di significati diversi.

I mezzi sono molti. Anzitutto la combinazione di due o più termini di significato affine o complementare viene in aiuto per esprimere concetti un po' complessi. Inoltre, il cinese è una lingua *tonale*, il che significa che ogni parola può essere pronunciata in quattro toni diversi, e a seconda del tono cambia anche il significato. Poi c'è l'aiuto della scrittura: lo stesso monosillabo, se ha cinquanta significati diversi, si scrive in cinquanta ideogrammi diversi e quindi non esiste possibilità di equivoco nel leggerlo.

La grammatica è esclusivamente sintattica, si basa cioè sull'ordine delle parole: soggetto, verbo, complemento.

Per esprimere la negazione esistono due espressioni corrispondenti al nostro "non" e precisamente *mei* con il verbo avere, e *bu* con il verbo essere e gli altri verbi.

Il vero problema è la scrittura. Ogni monosillabo è scritto con un ideogramma. Gli ideogrammi, che si distinguono fra di loro dal numero di tratti che li compongono, sono formati di due parti: una parte che contiene il radicale (sono in tutto duecentoquattordici) e una parte fonetica. Individuare il radicale serve per cercare gli ideogrammi nel vocabolario.

Per soddisfare una prima curiosità sul cinese, proponiamo di seguito qualche espressione fra le più comuni:

| | |
|---|---|
| • Buon giorno | *Ni hao* |
| • Buona sera | *Hao a* |
| • Come sta? | *Nin hao a?* |
| • Piacere di conoscerla | *Yujiàn ni hen gaoxing* |
| • Mi chiamo... | *Wo jiào...* |
| • Lei chi è? | *Ni shi shei?* |
| • Benvenuto | *Ni lai le* |
| • Arrivederci | *Zàijiàn* |

Questa lingua "spaventosamente facile tanto che è quasi impossibile impararla" è insegnata nelle facoltà di lingue orientali dell'Università di Venezia, all'Istituto universitario orientale di Napoli, nei corsi serali dell'Ismeo, in corsi alle Università di Pavia, Torino e alla Bocconi di Milano. Presso il consolato cinese si possono ottenere tutte le informazioni sui corsi che vengono fatti ogni anno all'Istituto linguistico di Pechino.

### Francese

È la seconda lingua più popolare dopo l'inglese. La si può ascoltare virtualmente in ogni angolo del mondo. Il dominio francese, infatti, anche se meno vasto di quello inglese, ha permesso alla lingua di espandersi un po' dovunque. Il francese parlato dalle classi colte e dai funzionari statali in Canada, Africa, Libano, fino al Medio Oriente, Asia, Caraibi e Sud Pacifico supera come influenza culturale il cinese parlato nelle Chinatown di America, Indonesia, Filippine, Singapore, Birmania, Vietnam, Londra. Antica lingua della diplomazia, gode ancora il prestigio di lingua della gente colta in tutto il mondo.

Come difficoltà di apprendimento si colloca nella fascia media: la pronuncia presenta qualche scoglio per gli anglofoni, meno per noi.

Nella scuola secondaria il francese mantiene saldamente la seconda posizione, dopo l'inglese e prima del tedesco, con ventimila cattedre nei vari istituti. Significativi sforzi per la diffusione della lingua vengono fatti dal Bureau de Coopération Linguistique dell'ambasciata di Francia.

### Giapponese

Come il cinese, anche il giapponese è più facile da parlare che da scrivere. Le sillabe (tutte del tipo consonante vocale o soltanto vocale) si scrivono con i caratteri dei sillabari katakana e hiragana, che contano ciascuno una cinquantina di segni in tutto.

Nel giapponese le parole sono composte di una radice, che porta il significato, e da uno o più affissi, che modificano il significato fondamentale esprimendo quindi le relazioni grammaticali fra una parola e le altre in un enunciato.

Così, per esempio, la radice *tabe-* vuol dire "mangiare", *taberu* "io mangio", *tabeta* "io mangiai", *tabemono* "cibo", *tabetai* "voglio mangiare", *tabenai* "non mangio" ecc.

Oltre ai caratteri dei due sillabari, il giapponese usa anche diverse migliaia di caratteri presi a prestito dal cinese. Ma, diversamente dalla lingua di Pechino, non ha i toni.

Un certo numero di particelle indicano le funzioni delle parole fra di loro e nella frase. Così l'oggetto del verbo precede il verbo stesso ed è indicato dalla particella *o*.

- Esempio: *Hon o yomimashita* ("Leggo un libro").

La particella *no* indica che il nome che la precede è il possessore.

- Esempio: *Tokyo no basu* ("I bus di Tokyo").

Per indicare un'interrogazione, basta aggiungere *ka* alla fine della frase.

- Esempio: *Kono hon wa takakatta ka?* ("Era costoso questo libro?").

Per indicare il moto verso luogo si usa la particella *e*, sempre posposta al nome cui si riferisce.

- Esempio: *Amerika e ikimashita* ("Andò in America").

La particella *kara* indica la provenienza.

- Esempio: *Tokyo kara Amerika e ikimashita* ("Andò da Tokyo in America").

Se volete esercitarvi con qualche formula di giapponese eccovi un piccolo assaggio:

- Come sta? — *O genki desu ka?*
- Piacere di conoscerla — *Hajime-mashite*
- Buon giorno — *Ohayo gozai masu*

- Buon pomerggio *Kon'niki wa*
- Buona sera *Komban wa*
- Buona notte *Oyasuminasai*
- Mi spiace *Sumimasen*
- Mi scusi *Gomen nasai*
- Grazie-prego *Do-zo*
- Grazie *Arigato gozaimasu*
- Prego *Do itashi mashite*
- Arrivederci *Sayonara*

Oltre che nelle facoltà e negli istituti di lingue orientali, il giapponese viene insegnato anche dall'Istituto giapponese di Roma, mentre per i corsi a Tokyo occorre rivolgersi al consolato giapponese o direttamente alla Shibuya Gaigo Gakuin (Shibuya Language School).

Chi vuole imparare il giapponese per motivi di lavoro può essere interessato all'Executive Training Programme. Si tratta di un programma elaborato dalla Cee per finanziare lo studio della cultura e del mondo degli affari giapponese, a favore delle aziende italiane interessate al mercato nipponico. Queste potranno inviare i loro uomini migliori a studiare e lavorare in Giappone per diciotto mesi usufruendo di novantamila Ecu. Il candidato potenziale è un giovane che ha dai venticinque ai trentasette anni con cultura a livello universitario, buona conoscenza professionale scritta e parlata della lingua inglese e almeno due anni di esperienza lavorativa.

Per informazioni: PA Consulting Group, Lungotevere Mellini, 44, Roma, telefono 06/3612041, fax 06/3612045.

## Portoghese

L'impressionante crescita demografica del Brasile, dove si parla portoghese, fa di questa lingua una delle più parlate del mondo. I navigatori portoghesi hanno introdotto la loro lingua nei Paesi del medio Atlantico, nei Paesi africani Angola e Mozambico, nell'enclave di Goa, in India, e nell'indonesiana isola di Timor.

In Italia la lingua portoghese non è mai stata presente nei programmi della scuola primaria e secondaria, ma viene insegnata da molti anni nelle facoltà di lingue e lettere di quattordici università: da Bari a Genova, da Sassari a Venezia. In alcune di queste università il corso verte sulla lingua e cultura brasiliana, in altre sull'idioma del Portogallo e in altre ancora (come L'Aquila e Viterbo) su ambedue.

A Roma operano sia la Scuola Portoghese, fondata nel 1971 con finalità educativo-filantropiche, sia il Centro studi dell'ambasciata del Brasile, frequentato da circa centocinquanta studenti all'anno.

A Firenze si è costituita l'Associazione Culturale Jorge Amado, che ha ottenuto dal comune il sostegno economico per avviare il primo corso di portoghese.

A Milano l'Asoçaçao Mensagem offre corsi di lingua e cultura portoghese-brasiliana.

## Rumeno

Viene insegnato in dieci università per un totale di dodici cattedre. I docenti sono prevalentemente italiani, coadiuvati da lettori di madrelingua, eccetto che a Firenze e Udine, dove le cattedre sono rette da docenti rumeni. All'Università La Sapienza di Roma i corsi di rumeno sono due. Uno alla facoltà di lettere, all'interno dell'istituto di filologia romanza, e uno alla facoltà di scienze politiche.

## Russo

Si colloca al quinto posto nella classifica delle lingue più parlate del mondo, dopo il cinese, l'hindi, l'inglese e lo spagnolo. Tra i motivi per impararlo c'è la crescente estensione dei rapporti culturali e commerciali con i Paesi dell'ex Urss, dove il russo è la prima o seconda lingua. Inoltre, è riconosciuto da tutti il valore formativo della lingua russa, paragonabile a quello del latino e del greco antico, ai quali per molti aspetti assomiglia.

L'alfabeto sembra difficile e invece non lo è. Si può imparare in venti minuti. Il vero problema è rappresentato dai tre generi (maschile, femminile e neutro); i sei casi (nominativo, genitivo, dativo, accusativo, strumentale e prepositivo), con gruppi di nomi e aggettivi che si declinano in modo diverso; l'assenza di articolo, come nel latino; un tempo passato che si comporta come un aggettivo; verbi che non solo variano a seconda di persona, numero e tempo, ma anche a seconda dell'aspetto (imperfettivo e perfettivo).

È difficile imparare a parlare correttamente il russo, tuttavia i russi sono pazienti con chi fa degli errori. C'è chi studia il russo in attesa che quel grande mercato incominci a muoversi. Ma ci sarà da aspettare un bel po' prima che la situazione economica inizi a riprendersi. Nonostante ciò, il russo resta una scommessa per quanti vogliono imparare la lingua pensando alla carriera. Nel frattempo, si può coltivare il piacere di leggere Čechov e Dostoevskij in lingua originale.

Ecco qualche frase utile, anche per capire meglio le caratteristiche della lingua:

- Come state? — *Kak vj pojivàjetie?*
- Grazie, bene — *Spassibo, harasciò*
- Mi chiamo... — *Mjenià sovùt...*
- Sono uno studente — *Ja studient*
- Molto piacere — *Ocien prjiàtno*
- Buon giorno — *Dòbrji djen*
- Perché? — *Pociemù?*
- Perché (esplicativo) — *Patomù scto*
- Quanto costa? — *Skolko stòit?*
- Arrivederci — *Da svidànjie*

Il russo in Italia è insegnato in molte università di lingue, corsi privati o promossi da enti. Il Centro di lingua e letteratura russa di Roma e l'Istituto Italia-Russia presente in varie città italiane (vedi Appendice) organizzano corsi e seminari a vari livelli per l'apprendimento della lingua.

## Spagnolo

È la seconda lingua degli americani, per la vicinanza con le aree ispanofone dell'America Settentrionale, Centrale e Meridionale. Negli Usa è la lingua più parlata dopo l'inglese.

Pochi sanno che conoscendo lo spagnolo si può comunicare con la vecchia generazione delle Filippine e anche con gli ebrei sefarditi in Israele (come anche in Grecia, Turchia, Iugoslavia e Bulgaria), il cui dialetto è il ladino, un misto di ebraico e di spagnolo del Seicento e Settecento, scritto con l'alfabeto ebraico. Lo spagnolo offre parecchie opportunità, non ultima quella di acquisire il portoghese con metà fatica.

La pronuncia non presenta eccessive difficoltà. E nemmeno la grafia delle parole. Le frasi richiamano forme di dialetti nostrani.

Qualche esempio:

| | |
|---|---|
| • Ciao | *Hola* |
| • Oggi | *Hoy* |
| • Domani | *Mañana* |
| • Buon giorno | *Buenos dias* |
| • Che ore sono? | *Qué hora es?* |
| • Dove ci sediamo? | *Donde nos sentamos?* |
| • Dove abita? | *Donde vive?* |
| • Andiamo a casa | *Vamos a casa* |
| • D'accordo | *De acuerdo* |
| • Vado a telefonare | *Voy a telefonear* |

Nel nostro Paese viene insegnato in vari istituti tecnici, licei commerciali e licei linguistici per un totale di centoquarantasette cattedre in tutto il territorio nazionale.

A livello universitario, invece, è presente in settanta facoltà italiane (lettere, lingue, scienze politiche, economia e commercio).

A contribuire a diffonderlo è anche la Consejería de Educatión dell'Ambasciata di Spagna, che affianca l'Istituto Cervantes, il centro culturale spagnolo.

## Tedesco

Oltre a essere la lingua della Germania, dell'Austria e di parte della Svizzera, è studiata in Ungheria, Iugoslavia, Cecoslovacchia, Polonia, Lettonia, Lituania, Estonia e nella parte occidentale della Federazione russa.

Il tedesco da noi gode la fama di lingua complessa, difficile da studiare, anche perché è sempre stata studiata poco. Ha conosciuto, nel tempo, alterne fortune ed è rimasta sulla cresta dell'onda se non altro per l'aura di prestigio scientifico che la sovrasta, dovuta al fatto di essere la lingua in cui è stata concepita e scritta buona parte della letteratura filosofica e scientifica del secolo scorso.

Il tedesco ha un complicato sistema di declinazione dei nomi e degli aggettivi, ma allo stesso tempo usa largamente preposizioni e un articolo che spesso è l'unico indicatore per capire il senso di un sostantivo. Qualche difficoltà viene dal ricordare il genere dei nomi, che in tedesco sono tre (maschile, femminile e neutro), con tre generi di articoli declinabili anch'essi.

## Esperanto: una lingua ausiliaria internazionale

Una seconda lingua per l'umanità accanto alle lingue nazionali: così l'esperanto è stato inteso dal suo creatore, il medico polacco Lazzaro Luigi Zamenhof (1859-1917).

Fra tutte le lingue artificiali sorte negli ultimi cento anni, l'esperanto è l'unica che ha avuto un discreto successo dovuto alla sua semplicità.

Il materiale lessicale deriva per lo più dalle lingue neolatine e, in misura minore, dalle lingue germaniche, dal greco e dalle lingue slave.

L'accento cade sempre sulla penultima sillaba della parola. La grammatica è estremamente semplice:

- il sostantivo termina sempre in *o*;
- l'aggettivo termina in *a*;
- il femminile si forma con il suffisso *-ino*;
- il plurale si forma aggiungendo la desinenza *-j*;
- l'accusativo si forma aggiungendo la desinenza *-n*;
- l'infinito del verbo è caratterizzato dalla desinenza *-i*;
- l'indicativo presente termina in *-as* per tutte le persone;
- l'indicativo passato termina in *-is* per tutte le persone;
- il futuro ha desinenza *-os*.

Oggi esiste una notevole letteratura in esperanto. In questa lingua artificiale sono stati tradotti molti autori delle maggiori letterature (Omero, Virgilio, Dante, Shakespeare, Goethe ecc.). Ci sono oltre cento dizionari tecnici in una cinquantina di scienze diverse, accanto a libri e riviste.

Diversi Paesi hanno stabilito collegamenti per realizzare trasmissioni radio in questa lingua per oltre duemila ore all'anno.

Per promuovere la diffusione dell'esperanto è nato un movimento esperantista che si articola in federazioni nazionali rappresentate dalla Uea (Universala esperanto asocio) con sede a Rotterdam. Dal 1964 questa associazione è membro consultivo dell'Unesco.

Per avere informazioni sull'esperanto occorre rivolgersi ai numerosi gruppi e circoli esperantisti presenti in Italia (vedi Appendice).

Ecco un elenco delle lingue più parlate nel mondo. I dati sono aggiornati al 1989 e provengono dall'Università di Washington.

Accanto al nome della lingua è indicato il numero di coloro che la parlano, come lingua madre e non.

| | | |
|---|---|---|
| 1. | Cinese mandarino | 864 milioni |
| 2. | Inglese | 443 milioni |
| 3. | Hindi | 352 milioni |
| 4. | Spagnolo | 341 milioni |

| | | |
|---|---|---|
| 5. | Russo | 293 milioni |
| 6. | Arabo | 197 milioni |
| 7. | Bengali | 184 milioni |
| 8. | Portoghese | 173 milioni |
| 9. | Malese indonesiano | 142 milioni |
| 10. | Giapponese | 125 milioni |
| 11. | Francese | 121 milioni |
| 12. | Tedesco | 118 milioni |
| 13. | Urdu | 92 milioni |
| 14. | Punjabi | 84 milioni |
| 15. | Coreano | 71 milioni |
| 16. | Telegu | 68 milioni |
| 17. | Tamil | 65 milioni |
| 18. | Marathi | 64 milioni |
| 19. | Italiano | 63 milioni |
| 19. | Cinese cantonese | 63 milioni |
| 20. | Wu | 62 milioni |
| 21. | Vietnamita | 57 milioni |
| 22. | Turco | 55 milioni |
| 23. | Thai | 48 milioni |
| 23. | Min | 48 milioni |
| 24. | Swahili | 43 milioni |

# Il mondo in tre parole

Salutarsi e ringraziare sono espressioni fondamentali nella comunicazione fra le persone. Ecco come è possibile farlo in alcune lingue. Le altre potrete aggiungerle voi...

| LINGUE | BUON GIORNO | ARRIVEDERCI | GRAZIE |
|---|---|---|---|
| Inglese | *hello* | *goodbye* | *thank you* |
| Americano | *hi* | *bye* | *thanks* |
| Francese | *bonjour* | *au revoir* | *merci* |
| Tedesco | *guten tag* | *auf wiedersehen* | *danke* |
| Spagnolo | *que tal* | *adios* | *gracias* |
| Svedese | *hey* | *adjo* | *tack* |
| Giapponese | *konichiwa* | *sayonara* | *arigato* |
| Portoghese | *bomdia* | *adeus* | *obrigado/a* |
| Swahili | *habari gani* | *tutaonana* | *asante sana* |
| Coreano | *ahn nyong* | *ahn nyong shee go mop da* | *gae sae yo* |

# APPENDICE

# I programmi della Cee

"Lingua" è il programma d'azione in favore dell'insegnamento e dell'apprendimento delle lingue straniere negli Stati membri della Comunità europea.

Adottato il 28 luglio 1989 dal Consiglio dei ministri delle Comunità europee per promuovere la conoscenza delle lingue, ha come principale obbiettivo quello di assistere gli Stati membri nel miglioramento qualitativo e quantitativo dell'insegnamento delle lingue straniere. Fornisce loro aiuti per:

- promuovere programmi di mobilità e progetti innovativi per la formazione iniziale e in servizio degli insegnanti di lingue straniere;
- l'insegnamento delle lingue nell'istruzione professionale e nell'istruzione superiore;
- mettere a punto strategie per la formazione linguistica nel mondo del lavoro.

Le lingue interessate da questo programma sono lo spagnolo, il danese, il tedesco, il greco, l'inglese, il francese, l'irlandese, l'italiano, il lussemburghese, l'olandese e il portoghese, intese come lingue straniere.

Una delle priorità più importanti del programma Lingua consiste nel promuovere l'insegnamento e l'apprendimento delle lingue meno diffuse e meno insegnate tra quelle elencate. La direzione e il coordinamento del programma sono affidati alla Commissione Cee a Bruxelles, che opera attraverso un comitato di esperti di vari Paesi comunitari.

A livello nazionale le attività relative al Progetto Lingua sono affidate a organismi denominati Agenzie Nazionali che agiscono, su linee comuni, in base alle indicazioni della Commissione. È prevista la massima collaborazione fra le Agenzie Nazionali e le Agenzie che si occupano delle cinque Azioni che costituiscono il programma.

- Azione I: promuovere la formazione in servizio degli insegnanti di lingue straniere e dei loro formatori (ne è responsabile il ministero della Pubblica Istruzione).
- Azione II: promuovere l'apprendimento delle lingue straniere all'università, in particolare per rafforzare la formazione professionale iniziale dei futuri insegnanti di lingue straniere (ne è responsabile il ministero dell'Università e della Ricerca scientifica e tecnologica). Questa azione completerà quella avviata nel quadro del programma Erasmus e sarà gestita in stretto collegamento con esso.
- Azione III: promuovere la conoscenza delle lingue straniere utilizzate nei rapporti professionali e nel mondo economico. Ne è responsabile il ministero del Lavoro con la collaborazione dell'Isfol (Istituto per lo sviluppo della formazione professionale dei lavoratori) e delle regioni.
- Azione IV: promuovere gli scambi di allievi di scuole e istituti professionali e tecnici (la responsabilità è del ministero della Pubblica Istruzione).
- Azione V: misure complementari di supporto. Più precisamente aiuti per: strutture di coordinamento e applicazione del programma; associazioni a livello europeo interessate a promuovere l'utilizzazione delle lingue straniere nei media; informazioni sul programma Lingua; animazione e valutazione del programma.

Ulteriori informazioni si possono avere rivolgendosi a: Lingua, Place de Luxembourg 2/3, B1040 Bruxelles, telefono 0032/2/5114218, fax 0032/2/5114376.

Altri programmi Cee che indirettamente contribuiscono allo sviluppo linguistico sono Comett II, Erasmus, Tempus.

- Comett II (*Comunity Action Program in Education and Training for Technology*) rappresenta la seconda fase del programma varato nel 1986 denominato Comett I. Lo scopo è rispondere alla domanda di formazione nel settore tecnologico. Per questo prevede la creazione di stabili legami fra università e imprese attraverso l'istituzione e lo sviluppo di Cfui (Consorzi formazione università-impresa) a livello europeo. Questi ultimi hanno il compito di fornire il supporto tecnico ai programmi Comett, nonché la responsabilità di gestire le borse di studio. In questi anni Comett ha esteso il suo raggio d'azione anche oltre i dodici Paesi della Cee. Sono stati firmati accordi bilaterali con l'Austria, la Finlandia, l'Islanda, la Norvegia, la Svezia, la Svizzera e il Liechtenstein. Per informazioni rivolgersi a: Centro informazione Comett presso il ministero dell'Università e delle Ricerca scientifica e tecnologica, Lungotevere Thaon di Revel 76, 00196 Roma, telefono 06/3234366 oppure 3969941, interni 313, 510, 512.

- Erasmus (*European Community Action Scheme for the Mobility of University Students*) è il più noto fra i programmi della Cee. Varato il 15 giugno 1987 con la decisione del Consiglio della Cee n. 87/327, Erasmus si propone di:
  - far crescere il numero di studenti universitari che svolgono un periodo di studi in altri Stati membri della Cee;
  - promuovere la collaborazione fra università europee;
  - intensificare le relazioni fra i cittadini dei vari Stati, per rafforzare l'idea di un'Europa dei cittadini.

  Tra le azioni previste dal programma sono compresi aiuti finanziari sia alle imprese aderenti sia direttamente agli studenti. Gli aiuti sono erogati all'interno di programmi di cooperazione tra università detti Pic (Progetti interuniversitari di cooperazione). Grazie alla forma di finanziamento mediante borse di studio lo studente viene esentato dal pagamento delle tasse di frequenza presso l'università ospite, rimanendo comunque obbligato a versare la quota annuale di iscrizione all'ateneo d'origine. Per informazioni: Direzione istruzione universitaria (Erasmus), ministero della Pubblica Istruzione, viale Trastevere 76, 00153 Roma, telefono 06/58493412.

- Tempus (*Trans-European Mobility Program for University Students*) è l'ultimo nato dei programmi Cee. Avviato il 7 maggio 1990, il suo scopo è quello di incentivare la cooperazione e la mobilità nell'insegnamento superiore tra le organizzazioni dell'Europa Centro-orientale e gli Stati membri della Cee. In particolare il programma finanzia i Pec (Progetti europei comuni) presentati sia dalle università sia dalle aziende. In questo caso gli aiuti possono essere utilizzati per aggiornare la didattica, per l'acquisto di attrezzature, per l'organizzazione di corsi di aggiornamento per docenti. Contributi di mobilità per studenti e docenti sono previsti per trascorrere periodi di studio in una università dei Paesi dell'Est europeo (Albania, Bulgaria, Croazia, Estonia, Lettonia, Lituania, Polonia e Romania) o compiere uno stage in un'impresa. Infine, una parte del programma prevede sovvenzioni per corsi di lingue estivi nonché una serie di contributi per attività complementari: associazioni studentesche che coinvolgono organizzazioni similari negli altri Paesi; scambi di giovani studenti dai quindici ai venticinque anni; iniziative con organismi professionali o commerciali.
Per informazioni: ministero dell'Università e della Ricerca scientifica e tecnologica, Unità relazioni internazionali, Centro informazioni Tempus, Lungotevere Thaon di Revel 76, 00196 Roma, telefono 06/3208500.

# Associazioni culturali e organizzazioni di interesse linguistico

### Aisis

L'Aisis (Associazione internazionale per lo studio degli idiomi stranieri) è un organismo internazionale presente in Italia dal 1989 che raccoglie oltre quattromila docenti di lingue.

Obbiettivo principale è l'aggiornamento didattico-metodologico. I suoi aderenti sono insegnanti che credono nel ruolo prioritario delle lingue straniere nella formazione dei giovani. Molte le iniziative in programma:

- ripresa del corso triennale di aggiornamento per docenti di lingua inglese;
- corso gratuito di metodologia presso il Teachers Training Centre di Hastings, in Inghilterra;
- agevolazioni, grazie alla collaborazione con molte case editrici, per un servizio di consulenza didattico gestito da esperti linguisti europei.

Per informazioni: Aisis, corso di Porta Vittoria 14, 20100 Milano, telefono 02/55184933.

Un'altra associazione con lo stesso acronimo Aisis è l'Associazione internazionale degli insegnanti di lingue straniere. Organizza corsi di aggiornamento didattico-metodologico e stampa il bollettino trimestrale «Language today». Sono previste agevolazioni e sconti su materiale didattico in lingua, abbonamenti gratuiti a riviste, servizio prestito gratuito di videocassette in lingua originale.

Per informazioni: Aisis, corso Vittorio Emanuele 24, 20100 Milano, telefono 02/55184933.

## Camera di commercio britannica

Uno dei servizi proposti dalla Camera di commercio britannica (ente indipendente e senza scopo di lucro) è l'English Language Consultancy Service. Nato nel 1986, mira a fornire ad aziende e privati informazioni e consigli sui corsi tenuti da oltre quaranta delle migliori scuole di inglese in Gran Bretagna. Le scuole che aderiscono all'iniziativa sono tutte riconosciute dal British Council. Comprendono istituti di grandi e piccole dimensioni, college e università statali che offrono corsi per adulti durante tutto l'anno, dall'inglese generale a quello specifico.

Per informazioni: Camera di commercio britannica per l'Italia, via Agnello 8, 20100 Milano, telefono 02/876981.

## Lend

È un'associazione culturale che raccoglie insegnanti di lingue straniere impegnati nel rinnovamento della scuola italiana, in particolare nell'ambito dell'educazione linguistica. Costituitasi a Roma nel 1972 su iniziativa di un gruppo di docenti, Lend opera attraverso iniziative nazionali e locali: incontri, conferenze, dibattiti, seminari, convegni, anche in collaborazione con istituzioni ed enti culturali stranieri.

L'attività dei gruppi locali (oltre sessanta) si accompagna a due iniziative editoriali a carattere nazionale. In collaborazione con la casa editrice La Nuova Italia, Lend ha dato vita a una collana di volumi che informano sugli orientamenti della didattica linguistica. Insieme alla casa editrice Marietti Scuola, inoltre, viene pubblicata la rivista «Lend», quadrimestrale di linguistica applicata e glottodidattica, redatta in collaborazione con il British Council, il Bureau Linguistique, il Goethe Institut e la Consejería de Educatión de la Embajada de España. Organo ufficiale dell'associazione, la pubblicazione offre spunti concreti per una pratica didattica che favorisca il raccordo fra l'insegnamento dell'italiano e quello delle lingue straniere.

Per informazioni: Segreteria nazionale Lend, piazza Sonnino 13, 00153 Roma, telefono 06/5800076.

## Tesol

La Tesol Italy (*Teachers of English to Students of Other Languages*) è un'associazione aderente alla Tesol International. Sorta nel 1975, si propone di stimolare lo sviluppo professionale, diffondere informazioni su ricerche, libri e altro materiale riguardante l'insegnamento dell'inglese.

Una delle principali iniziative di Tesol Italy è la convention che si tiene ogni anno a Roma, in autunno: un insieme di relazioni, workshop, tavole rotonde che offrono agli insegnanti l'opportunità di imparare nuove tecniche, di scambiare informazioni, condividere esperienze di insegnamento.

Due volte l'anno i soci Tesol ricevono il bollettino «Perspectives», la newsletter Tesol Italy, nonché informazioni sulle attività dei gruppi nelle singole regioni. Viene anche pubblicato il trimestrale «Forum», rivolto agli insegnanti di inglese al di fuori degli Usa.

Per informazioni: Tesol-Italy, via Boncompagni 2, 00187 Roma, telefono 06/46742432.

## Oise

È il nome di un'organizzazione per l'insegnamento delle lingue creata in Inghilterra dalla Oxford Intensive School of English, organizzazione internazionale con uffici di rappresentanza in Francia, Germania, Svizzera, Italia e Spagna.

L'Oise offre tutto l'anno stage intensivi per adulti e ragazzi, individuali e di gruppo, strutturati in base alle necessità di ogni singolo partecipante, oltre alla preparazione agli esami ufficiali di lingua inglese (Cambridge First Certificate, Proficiency, London Chamber of Commerce, Toefl ecc.).

Le vacanze-studio per ragazzi dai tredici ai diciotto anni prevedono una componente didattica e una organizzazione ricreativa. Sono previsti anche corsi per giovanissimi dai sette ai tredici anni.

Per informazioni: Oise Italia, viale Papiniano 42, 20123 Milano, telefono 02/58106233.

# Indirizzi utili

*Per l'arabo*

- Centro islamico di Milano, Associazione culturale religiosa, via Rovigo 11, Milano, telefono 02/2564708.
- Institut Bourguiba des langues vivantes, Université de Tunis, 47 avenue de la Liberté, Tunis, telefono 00216/1/282418.
- The Language Center, Faculty of Arts, University of Jordan, Amman, telefono 00962/6/843555, interno 1436.

*Per il cinese*

- Istituto Italia-Cina, via Bagutta 24, Milano, telefono 02/76005827.
- Beijng Language Institute, Shor courses in chinese, 15 Xueyuan Road, Haidian district, Beijng, telefono 0086/1/277531, interno 279.

*Per il francese*

- Centre Culturel Français
  - Firenze: piazza Ognissanti 2, telefono 055/287521.
  - Genova: via Garibaldi 20, telefono 010/205513.
  - Milano: via Bigli 2, telefono 02/76013966.
  - Napoli: via Crispi 86, telefono 081/669665.
  - Palermo: via E. Parisi 5, telefono 091/586272.
  - Roma: piazza Campitelli 3, telefono 06/6789020.
  - Torino: via Pomba 23, telefono 011/5623313.

*Per il giapponese*

- Istituto giapponese di cultura, via Gramsci 74, Roma, telefono 06/3609794.
- Shibuya Gaigo Gakuin (Shibuya language school), 15 Sakuragaoka-machi, Shiburuyaku Tokyo 150, telefono 0081/3/4618854.

*Per l'inglese*

- British Council
  Sede centrale di Londra: British Council, 10 Spring Gardens SW1A 2BN, telefono 0044/71/9308466.
  In Italia:
  – Milano: via Manzoni 38, telefono 02/782016;
  – Roma: via delle Quattro Fontane 20, telefono 06/4826641;
  – Napoli: via dei Mille 48, telefono 081/414876.

*Per l'anglo-americano*

- Usis (*United States Information Service*)
  Sede centrale: Commissione per gli scambi culturali fra Italia e Usa, Roma, via Castelfidardo 8, telefono 06/4819742;
  – Firenze, Lungarno Vespucci 46, telefono 055/216531;
  – Milano, via Bigli 11/A, telefono 02/76001504;
  – Napoli, piazza della Repubblica, telefono 081/5838261;
  – Palermo, via Vaccarini 1, telefono 091/346036.

*Per il russo*

- Centro nazionale di lingua e letteratura russa, via Quintino Sella 20, Roma, telefono 06/4740846.
- Associazione italiana per i rapporti culturali con la Russia, via Dogana 4, Milano, telefono 02/8056122.

*Per lo spagnolo*

- Centro cultural español, Istituto Cervantes, via Montenapoleone 10, Milano, telefono 02/76015401.
- Instituto de estudios hispanicos "Don Quijote", via Merulana 139, Roma, telefono 06/7577111.

*Per il tedesco*

- Goethe Institut, Centro culturale tedesco:
  - Milano: via San Paolo 10, telefono 02/76005571;
  - Firenze: via Torta 9, telefono 055/2478205;
  - Genova: salita Santa Caterina 4, telefono 010/581011;
  - Napoli: riviera di Chiaia 202, telefono 081/411923;
  - Palermo: via Vaccarini 1, telefono 091/302799;
  - Roma: via Savoia 15, telefono 06/8841725;
  - Torino: piazza San Carlo 206, telefono 011/5575226;
  - Trieste: via del Coroneo 15, telefono 040/732057.

In molte province italiane operano le associazioni e gli istituti culturali italo-tedeschi (Acit, Icit). Offrono corsi e programmi simili a quelli del Goethe Institut e vengono incontro anche alle esigenze di studenti adulti. A questi organismi si appoggiano spesso le aziende per fare studiare il tedesco ai dipendenti. Forniamo di seguito gli indirizzi dei più importanti:

- Bologna: Istituto di cultura germanica, Strada Maggiore 29, telefono 051/225658.
- Brindisi: Acit (Associazione culturale italo-tedesca), Vico de Lubelli 2, telefono 0831/23550.
- Diano Marina (Imperia): Acit, viale G. Matteotti 21/C, telefono 0183/496658.
- La Spezia: Acit, via Persio 49, telefono 0187/27256.
- Lecce: Icit (Istituto culturale italo-tedesco), via Leonardo da Vinci 12, telefono 0832/646549.
- Macerata: Acit, via Pantaleoni 4, telefono 0733/49035.
- Mantova: Icit, via Sant'Agnese 8, telefono 0376/325204.

- Messina: Acit, via San Camillo 18, telefono 090/716397.
- Padova: Icit, Largo Europa 1, telefono 049/663424.
- Pesaro: Acit, corso IX Settembre, telefono 0721/30039.
- Pisa: Acit, c/o Istituto di lingua e letteratura tedesca, via Santa Maria 85, telefono 050/41517.
- Ravenna: Acit, via Salaria 10, telefono 0544/39944.
- Rimini (Forlì): Acit, c/o Consolato di Germania, via Santa Chiara 10, telefono 0541/27846.
- Savona: Acit, c/o Professor Musso, via Guidobono 2-7, telefono 019/824703.
- Siena: Acit, via Montanini 118, telefono 0577/284901.
- Trento: Acit, via Lorenzoni 9, telefono 0461/912364.
- Venezia: Acit, Castello 5313, telefono 041/5286894.
- Verona: Icit, via San Carlo 9, telefono 045/912531.

### *Per l'esperanto*

Sono oltre sessanta i gruppi esperantisti sparsi nelle città italiane. Di seguito forniamo gli indirizzi dei centri maggiori.

- Esperanto Torino, via Stradella 42, Torino, telefono 011/256663.
- Centro esperantista milanese, via Villoresi 38, Milano, telefono 02/58100857.
- Esperanto Asocio, via di Torre Argentina 76, Roma, telefono 06/68979244.

## "Pen-friends"

Per trovare amici con cui corrispondere nella lingua di studio, ci si può rivolgere a: Pen-friends International, 138 Park Hill road, Harborne, Birmingham B17 9ED. L'associazione pubblica «Link», rivista trimestrale internazionale che contiene gli indirizzi di persone da ogni parte del mondo.

## Servizio tandem

*In Italia*

- Alpha e Beta, via Portici 246, 39012 Merano, telefono 0743/210650.
- Torre di Babele, via Bixio 74, 00185 Roma, telefono 06/7008434, fax 06/7577067.
- Istituto Machiavelli, piazza Santo Spirito 5, 50125 Firenze, telefono 055/2396966, fax 055/280800.
- Eurocultura, via Vaccari 128, 36100 Vicenza, telefono 0444/564844.

*In Germania*

- Tandem Berlin, Ahornstrasse 12/A, W 1000 Berlin 41, telefono 0049/30/7929007, fax 0049/30/7919000.
- DiaLogo, Rutschbahn 17, W 2000 Hamburg 13, telefono 0049/40/4101774, fax 0049/40/442628.
- Casa, Goetheplatz 4, W 2800 Bremen 1, telefono 0049/421/320482, fax 0049/421/320485.
- Tandem-Eine Welt, Postfach 3309, W 3400 Goettingen, telefono 0049/551/485055, fax 0049/551/47416.
- Tandem-Bielefeld, Turnerstrasse 27, W 4800 Bielefeld 1, telefono 0049/521/69263, fax 0049/521/69119.
- Zentrum, Kaufunger Strasse 4, W 6000 Frankfurt 90, telefono 0049/69/777171, fax 0049/69/774026.
- Initial, Steinstrasse 23, W 7500 Karlsruhe, telefono 0049/721/377578, fax 0049/721/370811.
- Tandem München , Ickstattstrasse 22 Rgb, W 8000 München, telefono 0049/89/2021321, fax 0049/89/2021320.

*In Francia*

- Clic Est-Ouest, Ralf Zschachlitz, 12 rue Dumont, F 69004 Lyon, telefono 0033/78/309210.
- Langue Onze, 15 rue Gambey, F 75011 Paris, telefono 0033/1/43382287.

*In Spagna*

- MetroCultura, Ronda St. Antoni 100, E 08001 Barcelona, telefono 0034/3/3171132, fax 0034/3/3014634.
- Eci Montalban, Tandem Granada, c/o Conde Cifuentes 11, E 18005 Granada, telefono 0034/58/256875.
- Cic Tandem, Apdo. 1.075 c/iztueta 7, E 20080 Donostia/San Sebastian, telefono 0034/43/291258, fax 0034/43/289263.
- Ccha Tandem, c/o Luis Vélez Guevara 8, E 28012 Madrid, telefono 0034/1/3690932, fax 0034/1/3691932.

*In Gran Bretagna*

- Totnes School of English, 51 B High Street, GB Totnes, Devon TQ9 5NP, telefono 0044/803/865722, fax 0044/803/864649.

**Librerie specializzate sul metodo "silent way"**

- Abon Language School, 25 St. John's Road, Clifton, Bristol BS8 2HD, telefono 0044/0272/730354 (principal: D. Berrington Davies).
- Aurama, c/o Centre de loisirs, place Arlaud 1, 1003 Lausanne, Suisse, telefono 0041/21/3125782.
- Barbara Villez, 9 avenue de Taillibourg, 75011 Paris, France, telefono 0033/1/40091801.
- Bill Bernhard, c/o Dept. of English, College of Staten Island, 715 Ocean Terrace, Staten Island, New York 10301, Usa.
- Centre de linguistique appliqué,, Université de Franche Compte, 17 rue Renan, 25000 Besançon, France, telefono 0033/81/665263.
- Educational Solutions, 95 University Pl., New York 100034555, Usa, telefono 001/212/6742988, oppure 6744826.
- Educational Solutions, 11 Crown Street, Reading RG1 2TQ England , telefono 0044/734/873101.

- Fusako Allard, the Center 204, Shirono building 3-4 Manzai, Cho Kito-ku Osaka 530, Japan, telefono 00816/3150818.
- Ghislaine Graf, l'Avalanche 1148, L'Isle, Suisse, telefono 0041/21/8645557.
- Guajardo Laura, 26 boulevard Leclerc, 93260 Les Lilas, France, telefono 0033/1/43616990.
- Laurent Maurice et Christiane, 5 Chemin Pré Marquis, 1249 Puplinge, Suisse, telefono 0041/22/481431.
- Une École Pour Demain, 7 rue de Belfort 25000, Besançon, France, telefono 0033/81/531298.

## Librerie specializzate in materiale linguistico

- Libreria Hoepli, Milano, via Hoepli 5, telefono 02/865446.
- Pantom Communication, Milano, via Ariosto 2, telefono 02/462185.
- Libreria scientifica, Milano, via Coronelli 6, telefono 02/48954552.
- Libreria internazionale "Il libro", Milano, via Ozanam 11, telefono 02/2049022.
- English Bookshop, Milano, via Mascheroni 12, telefono 02/4694468.
- The International Bookshop, Milano, via Farini 1, telefono 02/29002948.

## Metodi commerciali e principali catene di scuole di lingue

*Metodo Berlitz*

- Bologna, via C. Battisti 2, telefono 051/263908 .
- Milano, via Larga 8, telefono 02/8690031.
- Roma, viale Giulio Cesare 207, telefono 06/317341;
  – via di Torre Argentina 21, telefono 06/6834000;
  – Eur, via Pasteur 77, telefono 06/5920900.
- Torino, via Lagrange 7, telefono 011/533826.

*Metodo Shenker*

- Milano, via P. Litta 9, telefono 02/55192078.

Scuole concessionarie del metodo Shenker si trovano in altre diciassette città italiane.

**Vacanze-studio**

- Camera di commercio britannica per l'Italia
  Milano, via Agnello 8, telefono 02/876981.
- Oise (*Oxford Intensive School of English*)
  Milano, viale Papiniano 42, telefono 02/58106233.
- Ef, Scuola europea di vacanze
  – Milano, corso Vittorio Emanuele 24, telefono 02/77891.
  – Roma, corso Vittorio Emanuele 24, telefono 06/6783832.
  – Torino, via XX Settembre 16, telefono 011/5613626.
- Eurolanguage Italia
  Milano, piazza San Sepolcro 2, telefono 02/72002825.
- International Know How
  Milano, corso Italia 8, telefono 02/876767.
- Interstudio viaggi

Milano, via Abbadesse 38, telefono 02/66801901.

- Ist
  Milano, viale Coni Zugna 14, telefono 02/4816718.
- Sis
  Milano, corso di Porta Vittoria 14, telefono 02/55184933.
- Viva
  – Milano, via San Tommaso 7, telefono 02/72001373.
  – Roma, via del Tritone 61, telefono 06/6797751.

**Centri linguistici universitari**

- Cluc (Centro linguistico Università Cattolica)
  – Brescia, via Trieste 17, telefono 030/3752057.
  – Milano, largo Gemelli 1, telefono 02/7234338.
- Centro linguistico dell'Università di Bergamo

Bergamo, via Salvecchio 19, telefono 035/277141 (lingue insegnate: francese, inglese, italiano per stranieri, russo, spagnolo, tedesco).

- Centro interfacoltà di linguistica teorica e applicata dell'Università di Bologna
  Bologna, via Dante 15, telefono 051/341444
  (lingue insegnate con insegnante: inglese, spagnolo, russo, tedesco, francese. Corsi audio per autodidatti anche per: cinese, giapponese, olandese, portoghese).
- Centro linguistico di ateneo
  Università di Firenze, Centro servizi
  Firenze, via Alfani 58, telefono 055/263407
  (lingue insegnate: inglese, francese, tedesco, spagnolo, arabo, olandese, greco moderno, e italiano per stranieri).
- Centro linguistico di ateneo
  Università degli Studi di Parma
  Parma, viale delle Scienze, telefono 0521/580578
  (lingue insegnate: inglese, tedesco, francese, spagnolo, russo e italiano per stranieri).
- Centro interdipartimentale di servizi "Laboratorio linguistico"
  Università degli Studi di Pavia
  Pavia, Strada Nuova 65, telefono 0382/387476
  (lingue insegnate: arabo, francese, giapponese, inglese, olandese, spagnolo, tedesco).
- Centro linguistico
  Università degli Studi di Pisa
  Pisa, via Santa Maria 42, telefono 050/23000
  (lingue insegnate: francese, inglese, spagnolo, tedesco e italiano per stranieri).
- Cial (Centro interfacoltà per l'apprendimento delle lingue)
  Università di Trento
  Trento, via Bonporto 1, telefono 0461/881411
  (lingue insegnate: inglese, francese, tedesco, spagnolo, russo, polacco, rumeno e italiano per stranieri).
- Centro linguistico audiovisivi
  Università degli Studi di Udine
  Udine, via Antonini 8, telefono 0432/506858

(lingue insegnate: anglo-americano, francese, inglese, spagnolo, tedesco, russo, giapponese e italiano per stranieri).

- Cli (Centro linguistico interfacoltà)
  Università degli Studi di Venezia
  Venezia, Ca' Bonvicini-Santa Croce 2161, telefono 041/5241642
  (lingue insegnate: anglo-americano, inglese, francese, tedesco, spagnolo, arabo, russo, giapponese e italiano per stranieri).

### Telelanguage: corsi di lingue al telefono

- Bologna, via della Zecca 1, telefono 051/225809.
- Milano, corso di Porta Romana 2, telefono 02/873200.
- Napoli, via Silvio Spaventa 28, telefono 081/206205.
- Padova, via San Biagio 34/2, telefono 049/8753312.
- Roma, via IV Novembre 114, 06/6795394.

### Le lingue dormendo

- Kronosys
  Roma, piazza Re di Roma 3, telefono 06/776323.

### Riviste

- «Speak up, L'audiomensile per il tuo inglese» (anche con videocassette di film originali inglesi), Milano, via Gozzi 5, telefono 02/700231.
- «Yes please, The magazine for international people» (mensile), Milano, via Ariosto 2, telefono 02/462185.
- «La rivista delle lingue, Il mondo delle lingue e della comunicazione multimediale» (bimestrale), Frascati (Roma), via Principe Amedeo 15, telefono 06/9416857.

### Club linguistici

- The English Language Club, c/o Massimo Sordelli, Roma, viale Liegi 7, telefono 06/8840864.

# Bibliografia

## Sull'interesse per l'apprendimento delle lingue

Bendin, M., *Lingue estere. Ditelo in cinese*, in «Il Mondo», 28 marzo 1980
–, *A ciascuno il suo inglese*, in «Gente Money», agosto 1985
–, *Le lingue d'oro*, in «Gente Money», maggio 1987
–, *Arabo, cinese, russo e giapponese. Queste le lingue per fare carriera*, in «Corriere della Sera», 19 novembre 1988
–, *Fuori la lingua*, in «Management», gennaio 1991
–, *Il tedesco ha rotto il muro*, in «Management», giugno 1991
Chiti-Battelli, A., *La politica d'insegnamento delle lingue nella Comunità Europea*, Armando, Roma 1988
Giacalone Ramat, A., *L'apprendimento spontaneo di una seconda lingua*, Il Mulino, Bologna 1986
Malherbe, M., *Les languages de l'humanité, une encyclopédie de 3000 langues parlées dans le monde*, Seghers, Paris 1983
Paggiaro, L., *L'Europa delle lingue*, in «Lend», aprile 1992
Picollo, F., *L'inglese in cassetta*, in «Management», gennaio 1993
Stoerig, H.J., *L'avventura delle lingue*, Vallardi, Milano 1988
Titone R., *Cinque millenni di apprendimento delle lingue*, La Scuola, Brescia 1986
Wienold, G., *Come imparare le lingue*, Feltrinelli, Milano 1978

Sulla psicolinguistica

AA.VV., *Avamposti della psicolinguistica applicata*, Armando, Roma 1981
Clark, E., *Psychology and language: an introduction to psycholinguistics*, Harcourt Brace Janovich, New York 1977
Danes, M., *Cervello, linguaggio ed educazione*, Bulzoni, Roma 1990

Gass, S.M., Madden, C.G., Preston, D., Selinker, L., *Variation in second language acquisition: psycholinguistic issues*, Multilingual Matters, Clevedon 1989
Schlieben Lange, B., *Linguistica e pragmatica* , Il Mulino, Bologna 1980
Titone, R., *Psicolinguistica applicata: introduzione psicologica alla didattica delle lingue*, Armando, Roma 1971

## Sull'approccio comunicativo

D'Addio, C., *Lingua straniera e comunicazione*, Zanichelli, Bologna 1974
Scarcella, R., Andersen, E.S., Krashen, S.D., *Developing communicative competence in a second language*, Newbury House, New York 1990
Widdowson, H.G., *Insegnamento della lingua come comunicazione*, Zanichelli, Bologna 1983
Zuanelli Sonnino, E., *La competenza comunicativa*, Boringhieri, Torino 1981
–, *Dagli approcci e metodi strutturalisti ai nozionali-funzionali*, in «Rassegna italiana di linguistica applicata», 1983

## Strategie per l'apprendimento linguistico

AA.VV., *Applied linguistics and the learning and teaching of foreign languages*, Arnold, London 1984
Algier, A.S., *Improving reading and study skills, Jossey-Bass*, San Francisco 1982
Austin, J.L., *How to do things with words*, Harvard University Press, Cambridge (Ma) 1962
Bendin, M., *Didattica audiovisiva. Al supermarket delle lingue*, in «Il Mondo», 7 novembre 1980
–, *Formazione. Lingua a strati*, in «Il Mondo», 13 marzo 1981
–, *Lingue straniere. L'insegnante in mano*, in «Il Mondo», 18 settembre 1981
Boncori, L., *Educazione linguistica e sviluppo intellettuale*, Sei, Torino 1980
Collier, V., *How long? A syntesis of research on academic achievement in second language*, in «Tesol Quarterly» 3, 1989

Dulay, H., *La seconda lingua*, Il Mulino, Bologna 1985
Ehrman, M.E., Oxford, R.L., *Effects of sex differences, career choice, and psychological type on adults' language learning strategies*, in «Modern Language Journal», 1989
Gofeebowsa, A., *Getting students to talk*, Prentice-Hall, New York-London 1990
Holec, H., *Autonomie et apprentissage des langues etrangères*, Conseil de l'Europe/Hatier, Strasbourg 1979
–, (a cura di ), *Autonomy and self-directed learning: present fields of application*, Council of Europe, Strasbourg 1988
Lebauer, R., *Learn to listen, listen to learn. An advanced ESL/EFL lecture comprehension and note-taking textbook*, Prentice-Hall International, Englewood Cliffs (New Jersey) 1988
Meirieu, P., *Apprendre à apprendre*, Esf 1988
Moretti, M., *Come si studia l'inglese*, Bompiani, Milano 1989
Negnevickaja, E.I., *Le lingue straniere e i bambini: l'inglese a cinque anni*, Armando, Roma 1984
Oxford, R., *Language learning strategies. What every teacher should know*, Heinle and Heinle Publisher, Boston (Ma) 1989
Serafini, M.T, *Come si studia*, Bompiani, Milano 1989
Wenden, A., Rubin, J., *Learner strategies in language learning*, Prentice-Hall International, Englewood Cliffs (New Jersey), 1987

## Sullo stile di apprendimento

Duda, R., Riley, P., *Learning Styles*, Presses Universitaires, Nancy 1990
Ellis, G., Sinclair, B., *Learning to learn english*, Cambridge University Press, Cambridge 1989
Faerch, C., Kasper, G., *Strategies in interlanguage communication*, Harlow, Longman 1983
Mariani, L., *Strategie per imparare*, Zanichelli, Bologna 1990
O'Malley, J.M., Chamot, A.U., *Learning strategies in second language acquisition*, Cambridge University Press, Cambridge 1990
Oxford, R.L., *Language learning strategies*, Newbury House, New York 1990
Wenden, A., Rubin, J., *Learner strategies in language learning*, Prentice-Hall International, Englewood Cliffs (New Jersey) 1987

Wright, A., *How to improve your mind*, Cambridge University Press, Cambridge 1987

## Sullo sviluppo delle abilità linguistiche

Day, R., *Talking to learn. Conversation in second language acquisition*, Newbury House, Rowley (Ma) 1986
Dickinson, L., Carver, D., *Learning how to learn. Steps towards self-direction in foreign language learning in schools*, in «Lend», aprile 1992
Pozzo, G. (a cura di), *Insegnare la lingua. La comprensione del testo*, Edizioni Scolastiche Bruno Mondadori, Milano 1982

## Sulla suggestopedia di Lozanov

Lozanov, G., *Metodo suggestopedico per l'insegnamento delle lingue straniere*, Bulzoni, Roma 1983
Lozanov, G., Balevski, P., *Health and working capacity of students of foreign languages by the suggestopedic method*, in «Problems of suggestology», Varna Symposium and Research Institute of suggestology, Sofia 1971 e 1973
Lozanov, G., Gateva, E., *A suggestopedic practical handbook for teachers in foreign languages*, Jusautor, Sofia 1981
Saferis, F., *Une langue étrangère assimilée en un mois*, in «Psychologie», Juin 1976
–, *La suggestopedia, un metodo rivoluzionario per apprendere*, Ipsa, Palermo 1983
Zolla, E., *Impara le lingue con lo "stregone". In soli tre giorni, a Sofia, con un metodo fondato sulla suggestione*, in «Corriere della Sera», 10 ottobre 1978

## Sul "silent way" di Caleb Gattegno

Bartoli, C., Gattegno, C., *A man of the future*, in «Questions», Besançon 1989
Censis, *Apprendere le lingue*, Censis, Roma 1989
Censis Sperimentazione, *Lingua, tempo, energia: quaderno per i docenti*, Censis, Roma 1986

–, *Lingua, tempo, energia: quaderno di lavoro per gli allievi*, Censis, Roma 1986
Gattegno, C., *Teaching reading with words in color: a scientific study on the problem of reading*, Xerox, New York 1968
–, *Teaching foreign languages in schools: the "silent way"*, Educational Solutions, New York 1972
–, *In the beginning there were non words: the universe of babies*, Educational solutions, New York 1973
Sul metodo di Stephen Krashen
Krashen, S., *Second language acquisition and second language learning*, Pergamon Press, Oxford 1981
–, *Principles and practice in second language acquisition*, Pergamon Press, Oxford 1983
Krashen, S., Terrell, D., *The natural approach: language acquisition in the classroom*, Pergamon Press, New York 1983

## Sulla strategia "total physical response" di Asher

Asher, J.J., *The strategy of the "total physical response": an application to learning russian*, in «Iral», 3, 1965
–, *Learning another language through actions: the complete teacher's book*, Sky Oak Productions, Los Gatos (Usa) 1977
Asher, J.J., Kusudo, J.A., De La Torre, R., *Learning second languages through commands: the second field test*, in «Modern Language Journal», 58, New York 1974

## Sulla glottodidattica

Balboni, P., *Tendenze attuali della glottodidattica americana*, in «Lingue e Civiltà», 3
–, *Review article: italian glottodidactics*, in «Language learning», 3
Celce Murcia, M., *Language teaching from the ancient Greeks to Gattegno*, relazione Tesol Convention, Los Angeles 1978
Siani, C., *Glottodidattica: principi e realizzazioni*, in «Lend», 1978, La Nuova Italia, Firenze 1978
Titone, R., *Glottodidattica: un profilo storico*, Minerva Italica, Bergamo 1980

## Sull'innovazione nell'apprendimento e nell'insegnamento linguistico


Ambel, M., *Per un'autonomia dell'apprendimento linguistico*, in «Lend», dicembre 1991

Balboni, P., *Le principali correnti della glottodidattica americana*, in «Lingue e civiltà», 1, 1982

Bazzanella, C., *Prospettiva pragmatica e insegnamento delle lingue*, in «Lend», 3, 1989

Celce Murcia, M., *Language teaching from ancient Greeks to Gattegno*, relazione Tesol Convention, Los Angeles (Usa) 1978

Ciliberti, A., *Grammatica, pedagogia, discorso*, La Nuova Italia, Firenze 1991

Diadori, P., *Il cinema italiano nell'insegnamento linguistico*, in «Lend», aprile 1992

Infelise, G., *Analisi di un'unità didattica multimediale*, in «Lend», dicembre 1991

Montali, S., *Tandem: imparare dal vivo*, in «Lend», settembre 1991

Ponzio, A., *Scuola e plurilinguismo*, Dedalo, Bari 1980

Sclieben Lange, B., *Linguistica e pragmatica*, Il Mulino, Bologna 1980

Tosi, A., *Una certificazione linguistica per tutti. Il nuovo programma del Consiglio d'Europa*, in «Lend», aprile 1992

Widdowson, H., *L'insegnamento delle lingue come comunicazione*, Zanichelli, Bologna 1983

Wilkins, D., *Notional syllabuses, i programmi nozionali*, Zanichelli, Bologna 1978


## Recenti sviluppi nell'approccio comunicativo


AA.VV, *Methods that work, a smorgasboard of ideas for language teachers*, Newbury House Publishers, Rowley (Ma) 1983

Beebe, L.M., *Issue in second language acquisition*, Newbury House Publishers, Rowley (Ma) 1987

Bowen, J.D., Madsen, H., Hilferty, A., *Tesol techniques and procedures*, Newbury House Publishers, Rowley (Ma) 1985

Dulay, H., Burt, M., Krashen, S., *Language two*, Oxford University Press, Oxford 1989

French, Allen, V., *Techniques in teaching vocabulary*, Oxford University Press, Oxford 1983
Hill, D.A., *Visual impact: creative language learning through pictures*, Longman, London 1990
Hawkins, E., *Awarness of languages: an introduction*, Cambridge University Press, Cambridge 1984
Krashen, S., *Principles and practice in second language acquisition*, Pergamon Press, New York 1982
–, *Language acquisition and language education*, Prentice-Hall International, Englewood Cliffs, New York 1989
Littlewood, W., *Foreign and second language learning*, Cambridge University Press, Cambridge 1984
Radicchi, S., *Competence e performance nell'approccio comunicativo*, Il Ventaglio, Roma 1987
Richterich, R., *Communication orale et apprentissage des langues*, Hachette, Paris 1980
Scarcella, C.R., Oxford, R., *The tapestry of language learning, Heinle & Heinle Publishers*, Boston 1992
Wallace, C., *Learning to read in a multicultural society*, Pergamon Press, New York 1986
Stevick, E.W., *Humanism in language teaching*, Oxford University Press, Oxford 1990
Taraone, Y., *Focus on the learner*, Oxford University Press, Oxford 1989
Titone, R., *Introduzione alla glottodidattica: le lingue straniere*, Sei, Torino 1990
Woodward, T., *Ways of training*, Longman, London 1992

INDICE

Seconda parte
LA COMUNICAZIONE LINGUISTICA

«Imparare le lingue»
di Mario Bendin
Oscar guide
Arnoldo Mondadori Editore

Questo volume è stato stampato
presso Arnoldo Mondadori S.p.A.
Stabilimento Nuova Stampa - Cles (TN)
Stampato in Italia - Printed in Italy